उपहार संदेश का

(कविता-संग्रह)

उपहार संदेश का

डॉ. भूपेन्द्र कुमार सिंह संजय

वाणी प्रकाशन ग्रुप
भारतीय ज्ञानपीठ
वाणी प्रकाशन : भारतीय ज्ञानपीठ की पुस्तकों के एकमात्र प्रकाशक एवं वितरक

लोकोदय ग्रन्थमाला : ग्रन्थांक 1527

पहला संस्करण : 2022
दूसरा संस्करण : 2023
तीसरा संस्करण : 2024
चौथा संस्करण : 2025

वाणी प्रकाशन ग्रुप | भारतीय ज्ञानपीठ

वाणी प्रकाशन : भारतीय ज्ञानपीठ की पुस्तकों के एकमात्र प्रकाशक एवं वितरक

वाणी प्रकाशन

4695, 21-ए, दरियागंज, नयी दिल्ली-110 002
दूरभाष : 011-23273167, 23275710
ईमेल : sales@vaniprakashan.in
www.vaniprakashan.com

ISBN : 978-93-5518-582-2

मूल्य : ₹ 450

उपहार संदेश का
(कविता-संग्रह)
डॉ. भूपेन्द्र कुमार सिंह संजय

UPHAR SANDESH KA
(Poetry Collection)
by Dr. Bhupendra Kumar Singh Sanjay

मुद्रक : आर. टेक ऑफ़सेट प्रिंटर्स, दिल्ली-110 032

मेरे
परिजनों, परिचितों एवं अपरिचितों
के लिए समर्पित

समीक्षकों के विचार

पद्मश्री डॉ. बी. के. एस. संजय, ऑर्थोपीडिक सर्जन, जो दर्द से कराहते और तड़पते हुए लोगों को अपनी ऊँगलियों से छूकर सुकून देते हैं, वही डॉ. संजय जब अपने शब्दों को महकते फूल बनाकर समाज को उनके माध्यम से जीने और आगे बढ़ने की प्रेरणा देते हैं, तो मेरा हृदय गर्व एवं हर्ष से भर उठता है। निःसंदेह, एक ऑर्थोपीडिक सर्जन के शब्द-साधक हृदय के अनुभवों से निकले शब्दों के माध्यम से जो प्रेरक संदेशों का उपहार समाज को मिला है, यही जीवन का सच्चा उपहार है। इस अनूठे अहसास के साक्षी पद्मश्री डॉ. बी. के. एस. संजय के इस कविता-संग्रह की कविताओं में गुँथे हुए अमृत संदेश के उपहार को समाज जितना स्वीकार करेगा, उतना ही उसे आनन्द मिलेगा।

—डॉ. योगेन्द्र नाथ शर्मा 'अरुण' डीलिट्

वरिष्ठ साहित्यकार, रुड़की, उत्तराखंड

''उपहार संदेश का'' संग्रह में इतिहास के साथ अस्मिता बोध है। आदिकाल से मनुष्य की अस्मिता पर हमले होते रहे हैं। उसके सम्मान को ठेस पहुंचाई जाती रही है। इतिहास से लेकर राजनीति तक के परिदृश्य में अलग-अलग रंग उभरते हैं। स्वयं डॉ. संजय यह सब नजदीकी से देखते हैं। सिर्फ देखते ही नहीं हैं, महसूस भी करते हैं और कभी-कभी आहत भी होते हैं। वे सीधे-सीधे बिना किसी लाग-लपेट के अपनी कविताओं में भी कहते हैं कहना न होगा कि कवि के भीतर शल्य चिकित्सा करने की जिद है। कुछ कविताएं लिखी जाती हैं तो कुछ बुनी जाती हैं, कुछ मंचों पर पढ़ी जाती हैं, कुछ हमारी भावनाओं को उद्वेलित करती हैं और आंदोलनकारी के लिए प्रेरणा प्रदान करती हैं। यही नहीं शासन-प्रशासन और न्याय व्यवस्था पर सवाल दर सवाल उठाने के साथ संविधान विरोधियों को जवाब भी देती हैं। डॉ. संजय 'कविता क्या है' में लिखते हैं, कविता का काम क्या है?/दूसरों की चेतना में पैठ बनाना/दूसरों की मानसिकता को प्रभावित करना/और दूसरों की सोच को रूपांतरित करना/ऐसे समाज विज्ञानी डॉ. संजय को साधुवाद।

—मोहनदास नैमिशराय

पूर्व अध्येता, भारतीय उच्च अध्ययन संस्थान, राष्ट्रपति निवास, शिमला, हिमाचल प्रदेश

पद्मश्री डॉ. भूपेन्द्र कुमार सिंह संजय की कृति "उपहार संदेश का" जो देश की प्रतिष्ठित

साहित्यिक संस्था भारतीय ज्ञानपीठ, दिल्ली से प्रकाशित हो, उसकी श्रेष्ठता तो असंदिग्ध है ही। इस कृति के आत्मकथ्य में पहले ही संकेत कर दिया कि वे कहानी के क्षेत्र के पथिक हैं, कविता से उनका दूर-दूर का भी संबंध नहीं। परंतु यह भी सत्य है कि कवि की कविताओं से यह प्रतिबिंबित नहीं होता कि कवि ने प्रथम बार इन कविताओं का सृजन किया है। कहीं कोई खुरदुरापन नहीं, अनगढ़ शब्द नहीं कुछेक स्थलों को छोड़कर कहीं कोई सपाट बयानी नहीं। अद्भुत है यह प्रथम कवि और इसकी कविता। कवि कहते हैं/ कैसे कटती हैं?/उनकी रातें/जो सपने नहीं देखते/मैं कहता हूँ/कैसे कटते हैं?/उनके दिन/ जो सपने नहीं देखते। अद्भुत! इतनी प्रौढ़ कविता के लिए प्रथम सृजन की संज्ञा कैसे प्रदान की जा सकती है।

—प्रो. सुशील कुमार शर्मा

मिजोरम केंद्रीय विश्वविद्यालय, आइजॉल, मिजोरम

डॉ. भूपेन्द्र कुमार सिंह संजय जी की पुस्तक "उपहार संदेश का" के अध्ययन के बाद मेरी यह कल्पना है कि डॉ. संजय जी ने अपनी पुस्तक में भगवत गीता से शुभ आरम्भ करके निम्न पंक्तियों में जीवन में आगे बढ़ने का संदेश दिया है। जैसे-जैसे सपने बढ़ते हैं/ वैसे-वैसे जीवन बढ़ता है/.....सपने ही तो भविष्य हैं। उपर्युक्त पंक्तियां जीवन में मनुष्य को अग्रसर होने की चेतावनी देती है कि सपने देखो और अपने कर्मों से उसे सफल करो। नियतं कुरु कर्म त्वं कर्म ज्यायो ह्यकर्मण:। शरीरयात्रापि च ते न प्रसिद्ध्येदकर्मण:।। अर्थात तू शास्त्रविधि से नियत किये हुए कर्तव्य-कर्म कर...। पुस्तक "उपहार संदेश का" के अंतर्गत डॉ. संजय जी ने अपने भारतीय संविधान का भी लक्ष्य संदर्भित किया है। भारतीय संविधान के अनुच्छेद 51 अ (ज) में डॉ. अम्बेडकर जी ने मनुष्य के सभी ओर से एक्सीलेंस की कामना की है। (ज) वैज्ञानिक दृष्टिकोण, मानववाद और ज्ञानार्जन तथा सुधार की भावना का विकास करें। उपर्युक्त डॉ. आंबेडकर जी का संविधान में कथन और डॉ. संजय जी का "उपहार संदेश का" भारतीय संविधान का एक वास्तविक उपहार है।

—न्यायमूर्ति राजेश टण्डन

उत्तराखण्ड उच्च न्यायालय, देहरादून, उत्तराखण्ड

जिस तरह क्रौंच की व्यथा से कवि की करुणाद्र हृदय तंत्री की कोमल झंकार से नि:सृत शोक ही श्लोक बन जाता है ठीक इसी तरह डॉ. भूपेंद्र कुमार सिंह संजय की कविता-संग्रह "उपहार संदेश का" प्रेम, करुणा, उल्लास, प्रेरणा और जीवन संगीत के कोमल तंतुओं से बुना हुआ है। अखंड भाव चेतना के कारण कविता की आंतरिक संगति खंडित नहीं होती है। निश्चित ही समूचा संग्रह गेयता के चलते पठनीय बन पड़ा है। रूढ़ियों से मुक्त और जन संस्कृति की सृजनशीलता की देन है "उपहार संदेश का"।

—डॉ. दर्शनी प्रिय

संपादक, राज्यसभा सचिवालय, संसद भवन, नयी दिल्ली

"उपहार संदेश का" एक ऐसी रचना है जिसमें मानव समाज की उस सत्यता को प्रदर्शित किया गया है जिसमें रिश्तों के खट्टे-मीठे पलों को सुख-दु:ख, भाव-स्वभाव, देश-समाज के प्रति निष्ठा, समाज सेवा के प्रति संपूर्ण भाव प्रमुखता से दिखाई देते हैं। इस पुस्तक को लिखने वाले हमारे प्रिय सुप्रसिद्ध लेखक डॉ. भूपेन्द्र कुमार सिंह संजय जी जो कि एक प्रतिष्ठित ऑर्थोपीडिक सर्जन हैं। आप नैसर्गिक प्रतिभा के इतने धनी हैं कि आपकी बेमिसाल उपलब्धियों को देखते हुए आपका नाम गिनीज बुक ऑफ वर्ल्ड रिकॉर्ड, लिम्का बुक ऑफ रिकॉर्ड्स एवं सामाजिक कार्यों के लिए इंडिया एवं इंटरनेशनल बुक ऑफ रिकॉर्ड्स में कई बार उल्लेखित किया जा चुका है। आपकी प्रतिभा का और क्या बखान करें आपको भारत के राष्ट्रपति जी के द्वारा पद्मश्री पुरस्कार से भी अलंकृत किया जा चुका है। आज मनुष्य का जीवन जटिल हो चुका है क्योंकि उसके सामने चुनौतियां खड़ी हो चुकी हैं जिससे उनके मन में तनाव बना रहता है। ऐसे में मुझे यह कविता 'पुस्तकें' समाज के लिए अनमोल उपहार लगी और इससे यह आशा भी है कि यह एक सुंदर समाज के निर्माण में निश्चित रूप से बहुत ही सहायक होगी।

—राजयोगी बी. के. प्रकाश

संयोजक ब्रह्माकुमारी, कल्याणपुर, कानपुर, उत्तर प्रदेश

कवि डॉ. संजय जी ने अपने कविता-संग्रह में जहां कविता का मर्म समझा है। वहीं पर कविता का मौन और सौंदर्य के साथ जिंदगी के अनुतरित प्रश्नों को तलाशने की भरसक कोशिश की है। इस माहिती कोशिश में रिश्तों की कोख से निकले संबंधों का फैलाव, संवाद, सार्थकता, अनुभव, प्रेम, शांति, सहयोग और निरंतर होने वाले प्रकृति के परिवर्तनों का सजीव चित्रण किया गया है। कवि डॉ. संजय जी कहते हैं कि यह दुनिया एक परिवार है जिसमें सहअस्तित्व के आधार पर हम अपनी भावनाओं का विस्तार और संबंधों का विकास करते रहेंगे तो शिक्षा, संस्कृति, विज्ञान, कला और धर्म अपने आप सकारात्मक/संपूर्ण हो जाएंगे। कविता-संग्रह "उपहार संदेश का" में कवि का आत्मकथ्य/सत्य इतनी बारीकी से उकेरा गया है जहां पर अहम-भरी उपलब्धियां बोनी दिखती हैं।

—राजेंद्र रंजन गायकवाड़

कवि एवं लेखक, बिलासपुर, छत्तीसगढ़

सादगी, सहजता, स्मित हास्य के धनी, प्रतिभाशाली एवं अत्यंत मेधावी व्यक्तित्व वाले ऐसे पद्मश्री डॉ. भूपेन्द्र कुमार सिंह संजय जो कि एक प्रसिद्ध वरिष्ठ ऑर्थोपीडिक सर्जन हैं उनके उत्कृष्ट सृजन सटीकता, सहजता एवं सरल शब्दों से जीवन मूल्यों को दर्शाता है। आपका सृजन कहीं हंसी के ठहाकों से कभी विद्यमान समाज की वास्तविकता को

दर्शाता है, तो कहीं स्नेह-अनुराग, विज्ञान, ग्रामीण संवेदना, मानवीय जीवन की सच्चाई जैसे विविधता से परिपूर्ण है।

—आश्वनी केगांवकर

साहित्यकार, नीदरलैंड

प्रेरणादायक कविताओं का संग्रह कर लिखी गई पुस्तक "उपहार संदेश का" बहुत ही सराहनीय है। यह अत्यन्त गौरव का विषय है कि आप एक सर्जन के साथ-साथ सर्जक भी हैं जो कविता के माध्यम से अपनी संवेदनाओं को व्यक्त करते हैं। यह गर्व की बात है कि आप देश के प्रतिष्ठित नागरिक सम्मान, पद्मश्री से सम्मानित हैं। इस पुस्तक के प्रकाशन हेतु मैं आपको हार्दिक बधाई प्रेषित करती हूँ। साथ ही पुस्तक की प्रति भेजने के लिए आपको धन्यवाद ज्ञापित करती हूँ। पुस्तक की एक प्रति विद्यार्थियों के अध्ययन हेतु विश्वविद्यालय स्थित मुख्य पुस्तकालय में उपलब्ध करा दी गई है।

—प्रो. नीलिमा गुप्ता

कुलपति, डॉ. हरी सिंह गौड़ विश्वविद्यालय, सागर, मध्य प्रदेश

उपहार, उपहार होता है। देने के बाद उसका प्रयोग, उपयोग करने की जिम्मेदारी उपहार प्राप्त करने वाले की हो जाती है। यह उपहार कोई वस्तु हो सकती है। किसी प्रकार की सर्विस हो सकती है या किसी संदेश-विचार के माध्यम से उपहार दिया जा सकता है जिसको शिक्षा-दीक्षा भी कहा जा सकता है। कल्पना और भाषा के चमत्कार से कविता लिखने की परंपरा को डॉ. संजय ने तोड़ते हुए अपने अनुभवों के आधार पर जीवन का बुनियादी सच लिखा है। कोई भी कला सृजन के बाद समाज की हो जाती है। पद्मश्री डॉ. संजय का "उपहार संदेश का" यह काव्य-संग्रह अपनी अंग संवेदना और आमजन की भाषा के कारण हिंदी ही नहीं बल्कि हिंदीतर समझ में लोकप्रिय होगा, ऐसा मेरा विश्वास है।

—आलोक सिंह

साहित्यिक हस्ताक्षर, लखनऊ, उत्तर प्रदेश

डॉ. भूपेन्द्र कुमार सिंह संजय जी के काव्य संग्रह "उपहार संदेश का" की कविताओं की विविध और बहुरंगी दुनिया में प्रवेश करने के लिए सबसे पहले उनकी इस आत्मध्वनि और प्रतिश्रुति को ध्यान में रखना चाहिए कि प्रसन्नता का सरल नियम, न अपेक्षा करें, न उपेक्षा। पेशे से विश्व-विख्यात चिकित्सक रूग्ण व्यवस्था का तथा घायल मानवता का शब्दों की दवा से इलाज कर रहे हैं। कवि के जीवन दर्शन की नींव सहयोग और सह-अस्तित्व है। सहयोग कविता में अन्योन्याश्रिता परिलक्षित हुई हैं। "हर छोटी चीज सूक्ष्म होती है/महान तो यह प्रकृति एवं समाज बनाता है।" इस कविता में यह पंक्ति तत्वार्थ सूत्र में लिखी है, "परस्परोपग्रही जीवानाम्" यह मानव जीवन में परस्पर सहयोग की मूर्त भावना

को बल देती है। अन्य कविता "सपने हमारे आपके" में भी इसी परिकल्पना को जीवन का आधार माना गया है। "दूसरों के सपनों को/पूरा करने के लिए/अपना सहयोग दो/क्योंकि जीवन का आधार ही है सहयोग।"

—अवधेश दुबे

प्राचार्य केंद्रीय विद्यालय, देहरादून, उत्तराखण्ड

पेशे से ऑर्थोपीडिक सर्जन डॉ. भूपेन्द्र कुमार सिंह संजय की कविताएं एक सर्जन की तरह सरल भौतिक मुद्दों से लेकर जीवन के आध्यात्मिक सवालों तक के विषयों को भली-भांति दर्शाती हैं। गरीबी, अज्ञानता, उपेक्षा और भेदभाव से पीड़ित व्यक्ति के प्रति उनकी संवेदनशीलता उत्कृष्ट है।

—प्रो. हरीश कुमार ठाकुर

कवि, हिमाचल प्रदेश विश्वविद्यालय, शिमला, हिमाचल प्रदेश

"उपहार संदेश का" की सभी कविताओं में एक संदेश है, अंधकार से प्रकाश की ओर जाने का, बाधाओं से संघर्ष करने का और आशा की किरण लेकर स्वर्णिम् भविष्य की ओर बढ़ने का यों तो इस काव्य में व्यक्ति, समाज और सामाजिक समरसता के स्वर मुखरित होते हैं किंतु मुख्य रूप से प्रकृति, प्रेम, देशभक्ति, सांप्रदायिकता का विरोध, सर्वहारा के प्रति सहानुभूति और समसामयिक जीवन की विसंगतियाँ डॉ. संजय की कविताओं के विविध स्वर हैं। अपने समाज और परिवेश की वेदनाओं, जीवन की विषमताओं और उनसे उपजे संघर्षो का मुकाबला करने, प्रतिकूल परिस्थितियों में हार न मानने के संकल्प और निरन्तर आगे बढ़ने का संदेश देती डॉ. भूपेन्द्र कुमार सिंह संजय की ये कविताएं आज की दौड़भाग भरी जिंदगी में उलझे मानव के लिए संदेश भी हैं और उपहार भी हैं। सुख-दुःख, हर्ष-विषाद, हास्य-व्यंग्य, दया, प्रेम, करूणा आदि मानवीय संवेदनाओं से साक्षात्कार कराती ये कविताएं पाठकों को तनावमुक्त करके जीवन और प्रकृति को नये दृष्टिकोण से देखने को प्रेरित करती हैं।

—डॉ. बेचैन कंडियाल

जनसंपर्क अधिकारी, देहरादून, उत्तराखण्ड

यद्यपि कवि का यह पहला कविता-संग्रह है, फिर भी उन्होंने अपनी कविता के माध्यम से व्यवस्था के मूल में छिपे हुए दुराग्रहों को उजागर किया है। सामाजिक विसंगतियों पर चोट की है। इन कविताओं में छिपे उद्देश्य को समझने के लिए किसी व्याख्या या विवेचना की ज्यादा जरूरत नहीं पड़ती।

—जनार्दन मिश्र

आलोचक एवं संपादक, दिल्ली

आपने मानव जीवन के हर पहलू पर अपनी रचना द्वारा दिल के उद्गार रचित किए हैं, जो अमूल्य हैं। यह कविता मानव जीवन की भिन्न-भिन्न भावनाओं, परिस्थितियों से परिलक्षित है। इनको पढ़कर ऐसा लगता है कि आपने अपनी कृतियों को दिल से लिखा है।

—डॉ. एस. फारुक, पीएचडी

शायर, देहरादून, उत्तराखण्ड

आपकी किसी भी कविता की प्रशंसा करना तो एक लघुता ही मानूँगा, लेकिन इनमें जो संदेश है, जीवन दर्शन है, ये सब आपके अनुभूति के स्वर नहीं, उपहार नहीं अपितु यह आपकी आत्म प्रसूति है जो अंत:स्थल तक साक्षात संदेश प्रवहण करती है।

—प्रो. रूप किशोर शास्त्री

कुलपति, गुरुकुल कांगड़ी समविश्वविद्यालय हरिद्वार, उत्तराखण्ड

इतनी उपलब्धि प्राप्त करने के बाद भी कवि के अंदर का इंसान आज भी जागा हुआ है। वह अपनी कठिन परिस्थितियों और समय को आज भी नहीं भूला, उसे हर वक्त और हर समय अपनी जिम्मेदारी का एहसास है। "उपहार संदेश का" काव्य-संग्रह हर मध्यम परिवार की कहानी लगती है, जो अपने अदम्य आत्मबल और इच्छा शक्ति के बल पर इक्षित पड़ाव और मुकाम को हासिल करता है।

—प्रभात कुमार प्रसाद

यूनियन बैंक, देहरादून, उत्तराखण्ड

डॉ. संजय मूल रूप से ऑर्थोपीडिक सर्जन होते हुए भी अपने में बहुत मानवीय संवेदनाओं को समेटे हुए हैं। आपने इस पुस्तक में बिना दवा के उपचार तथा जीवन कैसे सरल और सहज बनाया जा सकता है इसमें बताते हुए नहीं झिझकते! निकट भविष्य में यह पुस्तक एक जीवन अमृत के रूप में अपना स्थान बना लेगी ऐसा मेरा विश्वास है।

—राकेश जाखेटिया

कवि एवं लेखक, दिल्ली

साहित्य मानवीय अनुभूतियों की शाब्दिक अभिव्यक्ति होता है, जिसमें व्यक्ति के स्वप्न, आशाएं, आकांक्षाएं, जीवनानुभव और परिवेश साकार रूप ग्रहण करते हैं। एक श्रेष्ठ कवि वही होता है, जो इन्हें समस्त काव्य हेतुओं अर्थात प्रतिभा, व्युत्पत्ति और अभ्यास का भोक्ता होकर काव्य प्रयोजनों को दृष्टिगत रखते हुए विविध विषयों को कविता में स्थान देता है। कहने की आवश्यकता नहीं कि पद्मश्री डॉ. भूपेन्द्र कुमार सिंह संजय जी इस निष्कर्ष पर पूर्णत: खरे उतरते दिखाई देते हैं।

—प्रो. पुनीत बिसारिया

आचार्य एवं पूर्व अध्यक्ष, हिंदी विभाग, झाँसी, उत्तर प्रदेश

कोई भी कविता उसके रचने वाले के निजी चिंतन-दर्शन से मुक्त नहीं होती। कोई भी कविता कवि के अपने जीवन के अधूरे-पूरे अनुभव से मुक्त नहीं होती और कोई भी कविता समाज के भीतर निरंतर घटित होती अच्छी-बुरी, मर्यादित-अमर्यादित घटनाओं से भी मुक्त नहीं होती। यह नगाम बातें डॉ. भूपेन्द्र कुमार सिंह संजय की कविताओं पर भी ज्यों की त्यों लागू होती हैं। बुद्ध ने अपने दर्शन में दु:ख को जीवन का केंद्रीय भाव कहा है। दु:ख की उपस्थिति जीवन में प्रामाणिक रूप से मौजूद है, लेकिन अंतिम लक्ष्य दु:ख को साधे रखना नहीं है। तो फिर वो क्या है? अपनी 'पूर्णता' कविता में कवि ने लिखा–पूर्णता ही जीवन का लक्ष्य है/पूर्णता ही स्थाई है/और पूर्णता से ही मोक्ष है/इसलिए पूर्णता की ही खोज है। इन कविताओं की एक खूबसूरती है यह कि ये शाश्वत सनातन को आज से जोड़ती हैं। कई प्रसंग पौराणिक होते हुए भी समकालीन परिस्थितियों की दृष्टि से अत्यधिक महत्वपूर्ण हैं।

—डॉ. सुशील उपाध्याय

शिक्षाविद् एवं लेखक, देहरादून, उत्तराखण्ड

नियतं कुरु कर्म त्वं कर्म ज्यायो ह्यकर्मणः।
शरीरयात्रापि च ते न प्रसिद्ध्येदकर्मणः॥

अर्थात तू शास्त्रविधि से नियत किये हुए कर्तव्य-कर्म कर, क्योंकि कर्म न करने की अपेक्षा कर्म करना श्रेष्ठ है तथा कर्म न करने से तेरा शरीर-निर्वाह भी सिद्ध नहीं होगा।

—गीता से 3:8

जैसे-जैसे सपने बढ़ते हैं, वैसे-वैसे जीवन बढ़ता है
मैं तो कहूँगा, सपनों को बुनो, पालो, पोषो, बढ़ाओ
अपनी पूरी लगन और मेहनत से
क्योंकि सपने ही तो भविष्य हैं, हमारा और आपका।

—इस पुस्तक से

आत्मकथन

पढ़ने-लिखने का शौक मुझे बचपन से ही था। ग्रामीण वातावरण में पैदा होने के कारण मनोरंजन के बहुत साधन नहीं थे, केवल मोहल्ले और स्कूल के लड़कों के साथ खेलना और अकेले हो, तो किताबों को पढ़ना, या फिर त्योहारों के निबन्धों को, या फिर कहानियों को बार-बार लिखना। इससे मुझे दो लाभ थे, एक तो खाली समय में, मैं व्यस्त हो जाता था और दूसरा स्कूल की परीक्षाओं के लिए निबन्धों की तैयारी हो जाती थी।

पढ़ाई-लिखाई का सिलसिला इसी तरह से बढ़ता रहा। जब गाँव से कस्बे में आया तो कहानियों की किताबों की उपलब्धता बढ़ी। हिन्दी की कहानियों की पत्रिकाएँ जैसे चंपक, चाचा चौधरी, सारिका तथा कादम्बनी में बहुत-सी कहानियाँ पढ़ने लगा, उनसे भी प्रभावित हुआ। बचपन में, मैं अंग्रेजी स्कूल में तो पढ़ा नहीं था लेकिन अंग्रेजी पढ़ने-लिखने की जिज्ञासा थी तो अंग्रेजी का उन दिनों का इलाहाबाद और आज के प्रयागराज से प्रकाशित समाचार पत्र नॉर्थन इंडिया पत्रिका का नियमित ग्राहक बनकर पढ़ने लगा, समाचार पत्र से समाचार तो मिलता ही था इससे मुझे अंग्रेजी सीखने का अवसर भी मिलता था।

चूंकि पढ़ाई-लिखाई में अच्छा था। जो ठान लेता था कर लेता था। इसी को देखते हुए मेरे बड़े भैया जो मुझसे 4 साल बड़े थे, उनकी इच्छा थी कि मैं डॉक्टर बनूं। भैया की इच्छा से, माँ-बाप के आर्शीवाद और अपनी मेहनत से कानपुर मेडिकल कॉलेज में 1974 में एडमिशन हो गया। हैलेट अस्पताल के गेट पर एक पत्र-पत्रिकाओं, अखबार की दुकान थी वहाँ पर तरह-तरह की पुस्तकें मिलती थी। उनमें से अंग्रेजी की इलस्ट्रेटिड वीकली ऑफ इंडिया, ब्लिट्ज, एम्प्लॉयमेंट, सारिका एवं कादम्बनी का मैं नियमित ग्राहक बन गया था।

1981 में कानपुर से जब मैं पी.जी.आई. चण्डीगढ़ एम.एस. ऑर्थोपीडिक करने आया तो काम के कारण समय का इतना अभाव था कि जिससे कहानियों की

किताबें तो क्या कोर्स की भी किताबें पढ़ने का समय नहीं मिलता था। उन्हीं के लिए बहुत मुश्किल से समय निकलता था क्योंकि पी.जी.आई. में रेजीडेन्ट लगभग गधे की तरह लगातार काम ही करते रहते थे या फिर करना पड़ता था क्योंकि काम का दबाव हमेशा रहता था और काम के दबाव के अतिरिक्त मुझमें ज्यादा से ज्यादा सीखने की ललक भी रहती थी।

1983 में पी.जी.आई. से एम.एस. ऑर्थोपीडिक करने के बाद दिल्ली के सफदरजंग अस्पताल में सीनियर रेजिडेंसी के पद पर काम शुरू कर दिया। सफदरजंग अस्पताल का ऑर्थोपीडिक विभाग उस समय अपने देश के सबसे प्रसिद्ध एवं प्रतिष्ठित अस्पतालों में गिना जाता था जिसमें मरीज ओ.पी.डी. में सुबह 4 बजे से रजिस्ट्रेशन के लिए लाइन में खड़े हो जाते थे और भर्ती के मरीजों के लिए फ्लोर बेड की व्यवस्था मैंने पहली बार ही देखी थी।

दिनों-दिन मेरा ऑर्थोपीडिक में अनुभव बढ़ता गया तथा विभाग के और लोगों की उपलब्धियाँ एवं काम को देखते हुए मेरी भी इच्छाएँ बढ़ने लगी तथा अपने आप को मरीजों की सेवा के अलावा क्लीनिकल रिसर्च के काम में धीरे-धीरे रूचि बढ़ती गई। यहाँ पर मैं एक बात को बताना उचित समझूँगा कि इस स्तर तक पहुँचाने में मेरे माँ-बाप एवं परिवार के अलावा किसी और का योगदान है तो वह हैं पुस्तकों एवं शिक्षकों का। मेरे प्राथमिक विद्यालय से लेकर विदेशों की यात्रा के लिए भी यदि मैं अपने विदेशी शिक्षण के बारे में बात करूं तो मुझे और मेरे जीवन को सबसे ज्यादा प्रभावित करने वाले शिक्षक रहे हैं तो वो हैं यू.एस.ए. के मेयो क्लीनिक के डॉ. फ्रैंकलिन सिम और प्राईमरी स्कूल के जगदीश प्रसाद सिरोलिया।

डॉ. सिम के अलावा मेरे जीवन में बदलाव लाने वाले विदेशी धरती पर सबसे पहले थे स्वीडन के स्टॉकहोम की कैरोलिंसका इंस्टीट्यूट जो कि नोबेल पुरस्कार देती है, प्रोफेसर आईन गोल्डी। उसके बाद स्विट्जरलैंड के ए.ओ. संस्था के संस्थापक हंस विलीनेगर, जापान के डॉ. एन. टकादा और डॉ. माशाहारू निशिकावा एवं आस्ट्रेलिया के प्रोफेसर रॉब फ्रेजर, सऊदी अरब के डॉ. साला कादी एवं डॉ. पॉल मोरो इत्यादि।

यदि मैं अपने देश के शिक्षकों की बात करूं, तो जिन शिक्षकों ने मेरे जीवन में बदलाव लाये हैं। उनमें प्राइमरी स्कूल के जानकी प्रसाद सिरोलिया, मिडिल स्कूल के परशुराम एवं सफदरजंग अस्पताल की डॉ. गीता अशोकराज, एम्स नई दिल्ली के डॉ. पी.के. दवे एवं डॉ. गोपाल कृष्ण विश्वकर्मा। डॉ. विश्वकर्मा, जो पहले सफदरजंग अस्पताल के सेंट्रल इंस्टीट्यूट ऑफ ऑर्थोपीडिक के निदेशक एवं सफदरजंग अस्पताल के चिकित्सा अधीक्षक बने। जो बाद में भारत सरकार के स्वास्थ्य एवं

परिवार कल्याण के महानिदेशक के पद से 1992 में सेवानिवृत हुए। यदि मेरे अपने शोध कार्य या शोध प्रकाशन के लिए किसी को श्रेय जाता है तो वह डॉ. गीता अशोकराज को। जिन्होंने सेंट्रल इंस्टीट्यूट ऑफ ऑर्थोपीडिक के पैथोलोजी विभाग में 1984 में सहायक प्रोफेसर का पद भार संभाला था और डॉ. विश्वकर्मा ने ही मुझे डॉ. गीता के साथ काम करने की सलाह दी थी। डॉ. गीता ने मुझे विश्वप्रसिद्ध ऑर्थोपीडिक सर्जन बना दिया, या यों कहिए जो भी हूँ उन्हीं के कारण हूँ जिसके लिए आज भी मैं डॉ. गीता और स्वर्गीय डॉ. विश्वकर्मा का हृदय से आभारी हूँ।

मेरा मानना है मेरे जीवन में ही नहीं बल्कि सभी के जीवन में पुस्तकों और शिक्षकों का बहुत महत्व है जिस बात को ध्यान में रखते हुए मैंने एक कविता पुस्तकों के ऊपर 'पुस्तकें' शीर्षक से और शिक्षकों के लिए 'गुरु की महिमा' के शीर्षक से एक कविता लिखी है जो इस संकलन में जोड़ी गयी है। इसको मैं अपने सभी गुरुओं, जो जहाँ भी हैं और जैसे भी हैं, को समर्पित करता हूँ।

हालात बदले, मुझमें किताबें पढ़ने के बाद बहुत बदलाव आया, फिर एक आदत बना ली नई-नई किताबें खरीदने और उनको पढ़ने की। अब तो आदत-सी हो गई है कि जिस रेलवे स्टेशन या एयरपोर्ट पर जाता हूँ तो वहाँ से कोई न कोई किताब यादगार के तौर पर खरीद लेता हूँ, उनमें से चाहे फिर वह कितनी महँगी या कितनी भी मोटी क्यों न हो। जैसा कि मैंने पहले भी बताया किताबें पढ़ने का मुझे बचपन से ही बहुत शौक था। पहले मुख्यत: मैं कहानियों की किताबें पढ़ता था लेकिन फिर कविताओं की।

मैं 31 अगस्त 1956 को पैदा हुआ। जब मैं लगभग 60 साल का था मुझे लगने लगा था कि मैं परिवार की जिम्मेदारियों से मुक्त हो रहा हूँ तो क्यों न कुछ कविताएँ लिखने की कोशिश की जाए। कुछ पंक्तियों को इसी तरह उल्टा-सीधा लिख लिया करता था और फिर उनको बार-बार पढ़ता था और फिर उनमें सुधार लाता गया। मुझे धीरे-धीरे लगने लगा कि मैं कविताएँ भी लिख सकता हूँ। यही इस स्क्रबलिंग का असर है कि आज यह कविता की पुस्तक आपके सामने प्रस्तुत कर रहा हूँ। सर्जरी करना और कविता लिखना दोनों ही सृजन के कार्य हैं।

जैसा मैंने पहले कहा कि यह कविताएँ कुछ नहीं, केवल मेरे अपने जीवन का अनुभव है उसको गद्य की तरह नहीं, पद्य की तरह लिख दिया है। वैसे तो मुझे सभी कविताएँ अच्छी लगती हैं पर कुछ कविताएँ तो इतनी अच्छी और मनमोहक लगती हैं कि उन्हें बार-बार पढ़ने और सुनाने का मन करता है जैसे कि 'कविता क्या है ?', 'पुस्तकें', 'नाता', 'फैलाव', 'प्रसव वेदना', 'पूर्णता', 'दो शब्द', 'भूख', 'निर्णय', 'अपंगता', 'इतनी सी बात से', 'नमस्कार' और 'सपने आपके और हमारे' इत्यादि।

मेरा मानना है भोजन, शिक्षा और स्वास्थ्य हर व्यक्ति की मूलभूत आवश्यकताएँ हैं। इनमें से अच्छे स्वास्थ्य का जीवन में बहुत महत्व है। हर व्यक्ति की इच्छा होती है कि वह प्रसन्न रहे। स्वस्थ व्यक्ति ही प्रसन्न रह सकता है। स्वस्थ व्यक्ति न केवल अपने काम कर सकता है बल्कि वह दूसरों के काम भी आ सकता है।

पुस्तकों और शिक्षकों के अलावा यदि मैं किसी और चीज को श्रेय देता हूँ तो वह है काम। यह भी मेरा मानना है कि यह काम न केवल मेरे लिए महत्वपूर्ण रहा बल्कि हमसे जुड़े सब लोगों के लिए, खासतौर से मेरे परिजनों और रोगियों के लिए।

मैं व्यक्तिगत तौर पर कर्म पर ज्यादा विश्वास करता हूँ। मैंने गीता के कर्मयोग के अध्याय दो के श्लोक को छठवीं कक्षा से मन में बैठा लिया था कि—

कर्मण्येवाधिकारस्ते मा फलेषु कदाचन्।
मा कर्मफलहेतुर्भूर्मा ते संगोऽस्त्वकर्मणि॥

जब मैं पी.जी.आई. चंढ़ीगढ़ में था उस समय मेरे एक मित्र रतन सिंह ने मुझे गीता का उपहार 1989 में दिया था। तभी से मैंने गीता के नीचे लिखे हुए श्लोक को मन में उतार लिया है। जिसका सार है काम करना, ना काम करने से श्रेष्ठ है।

नियतं कुरु कर्म त्वं कर्म ज्यायो ह्यकर्मण:।
शरीरयात्रापि च ते न प्रसिद्धयेदकर्मण:॥

मैं फरवरी 1999 में चण्डीगढ़ में रहता था। चण्डीगढ़ में आयोजित एक पुस्तक मेले से मैंने भूतपूर्व प्रधानमंत्री अटल बिहारी बाजपेयी द्वारा रचित 'मेरी इक्यावन कविताएँ' की पुस्तक खरीदी। उनकी 'पहचान' कविता की दो पंक्तियां तो मैंने रट ही ली हैं—

छोटे मन से कोई बड़ा नहीं होता,
टूटे मन से कोई खड़ा नहीं होता॥

मैं ऊपर वाले पर कम और नीचे वालों पर ज्यादा विश्वास करता हूँ। डॉ. आंबेडकर का शिक्षित बनो और गीता के कर्मयोग के मूलमंत्र में मेरी आस्था दिनोंदिन बढ़ती जा रही है। कर्म की सही परिभाषा मनसा, वाचा, कर्मणा के सिद्धांत पर होनी चाहिए अर्थात जैसा हम सोचते हैं, बोलते हैं और करते हैं यह सब मिलकर कर्म बनते हैं। सामंजस्य से किए हुए कार्य निश्चित ही पूरे होते हैं और अपेक्षित परिणाम देते हैं। यहाँ पर मैं अपने काम के परिणाम वर्णित करना चाहता हूँ। जैसा मैंने पहले लिखा है आदमी की पहचान जाति, धर्म, लिंग, क्षेत्र और राष्ट्रीयता से नहीं बल्कि उसके काम से होती है। इसी विचार को ध्यान में रखते हुए मैंने एक कविता 'काम और स्वास्थ्य' के शीर्षक से लिखी है।

साढ़े सोलह किलो का जांघ का ट्यूमर निकालने, 98 साल के बूढ़े व्यक्ति का कूल्हा बदलने, कैंसर प्रभावित हड्डी को ऑटोक्लेव करने के बाद पुन: प्रत्यारोपित

करने और 88 साल के बूढ़े व्यक्ति के स्पाइन का सफल ऑपरेशन के अलावा कई अन्य ऑपरेशन कर चुका हूँ। इसी अनुभव को देखते हुए मैंने अपने अस्पताल में एक नियम बना लिया है कि ऑपरेशन के लिए ऐज नो बार। इसी सफलता के कारण मेरा आत्मबल भी बढ़ा और सर्जरी की कला में बहुत निखार आया। इन्हीं कामों के कारण ही बहुत से राष्ट्रीय एवं अंतर्राष्ट्रीय ऑर्थोपीडिक सम्मेलनों में मुझे जापान, सिंगापुर, मलेशिया, आस्ट्रेलिया, न्यूजीलैंड एवं यू.एस.ए. के कई विश्वविद्यालयों में अपने अनुभव को बाँटने एवं व्याख्यान देने के अवसर मिले।

आज मेरी जो पहचान बनी है, वह मेरे काम के कारण ही है जिससे मेरा नाम गिनीज बुक ऑफ वर्ल्ड रिकार्ड्स, लिम्का बुक ऑफ रिकार्ड्स और इंडिया बुक ऑफ रिकार्ड्स में उल्लेखित किया जा चुका है और काम के ही कारण मैं 1986 से विगत 3 दशकों में 45 देशों की यात्रा कर चुका हूँ। मुझे दर्जनों सामाजिक एवं व्यवसायिक संस्थानों द्वारा पुरस्कृत किया जा चुका है। मेरी इन्हीं उत्कृष्ट चिकित्सीय एवं सामाजिक उपलब्धियों को देखते हुए इस साल के गणतंत्र दिवस की पूर्व संध्या पर माननीय प्रधानमंत्री श्री नरेन्द्र मोदी जी के नेतृत्व में काम करने वाली भारत सरकार ने राष्ट्रीय नागरिक पद्म श्री अलंकरण से सम्मानित करने की घोषणा की और 9 नवंबर 2021 को मुझे भारत के राष्ट्रपति श्री रामनाथ कोविंद जी के द्वारा राष्ट्रपति भवन में सम्मानित किया गया।

मेरा मानना है कि स्वास्थ्य एक कीमती संपत्ति ही नहीं बल्कि एक संसाधन है इसलिए हम सब लोगों का यह लक्ष्य होना चाहिए कि इस संसाधन का पूर्ण रूप से विकास करें जिससे हर व्यक्ति अपने परिवार, समाज और अपने देश की प्रगति में भागीदार हो सके। यदि हर आदमी अपने देश की प्रगति में भागीदार हो सकेगा तो अपना देश हर क्षेत्र में दिन दूनी रात चौगुनी प्रगति कर सकेगा। इस बात को मैं बार–बार हर मंच से कहता रहता हूँ कि किसी भी अस्वस्थ व्यक्ति की क्षमता स्वस्थ व्यक्ति की क्षमता की तुलना में हर ढंग से कम होती है। अधिकांशत: लोगों के उद्देश्य की पूर्ति उनके हाथों–पैरों के द्वारा ही होती है। यदि हाथ–पैर ही सही तरीके से काम नहीं करेंगे तो वह अपने उद्देश्य की पूर्ति कैसे कर पाएंगे ? यदि किसी के उद्देश्यों की पूर्ति नहीं होती है तो फिर उसमें मानसिक, सामाजिक और आर्थिक विकलांगता तो आनी ही है। किसी भी तरह की विकलांगता व्यक्ति के लिए कलंक है। खासतौर से यदि रोगी गरीब है और महिला है तो यह विकलांगता और विकराल रूप धारण कर लेती है। 'मैं विकलांगता की समस्या से हमेशा विचलित होता हूँ'। आज विकलांगता के मुख्य कारण हैं, सी.पी., पोलियो और सड़क दुर्घटनाएं।

मैं अपने पिछले 40 सालों के चिकित्सीय सेवाओं के दौरान सड़क दुर्घटनाओं के हर पहलू को खासतौर से दुर्घटनाग्रस्त व्यक्तियों एवं उनके परिजनों के व्यक्तिगत, सामाजिक एवं आर्थिक परेशानियों को ऑर्थोपीडिक शल्य चिकित्सक होने के नाते बहुत नजदीकी से देख चुका हूँ इसके कारण मैंने एक आजीवन संकल्प लिया है कि मैं आम जनता को सड़क दुर्घटनाओं से होने वाले दुष्परिणामों को समाज में उजागर करता रहूँगा।

मेरा यह भी मानना है कि स्वास्थ्य के क्षेत्र से जुड़े सभी लोगों को वाणिज्य लाभ के उद्देश्य के साथ काम नहीं करना चाहिए बल्कि उनकी कार्यवाही मानव लोकाचार पर आधारित होनी चाहिए। इसी उद्देश्य की पूर्ति के लिए मैंने एक अभियान चला रखा है। अब तक हमारी संस्था द्वारा लगभग 200 नि:शुल्क स्वास्थ्य परामर्श शिविरों एवं इतने ही नि:शुल्क जन-जागरूकता व्याख्यानों का आयोजन किया जा चुका है। यह दोनों नि:स्वार्थ भाव से की गयी सामाजिक उपलब्धियाँ इण्डिया बुक ऑफ रिकॉर्ड्स में उल्लेखित की जा चुकी हैं।

मेरे पास आज के समय में लगभग 1000 से भी अधिक पुस्तकें होंगी जिनको मैंने पढ़ा है, कुछ को तो पूरी तरह से, नहीं तो आंशिक तौर पर जरूर। लेकिन कुछ किताबों को तो कई-कई बार भी पढ़ा है। पुस्तकों के महत्व को देखते हुए पुस्तकों का उपहार देना मेरी आदत बन गई है। यदि व्यक्तिगत तौर पर किसी कवि, लेखक, साहित्यकार से मिला हूँ तो वह हैं— डॉ. रमेश पोखरियाल 'निशंक', राधेश्याम, लीलाधर जगूड़ी, महीप सिंह, प्रोफेसर यशपाल, तेजन्दर सिंह गगन, ओम प्रकाश वाल्मीकि एवं जय प्रकाश 'कर्दम' और अभी हाल ही मैं नरेन्द्र सिंह 'नीहार', डॉ. सुधारानी पाण्डेय, राम विनय सिंह, असीम शुक्ल एवं पद्मश्री डॉ. श्याम सिंह 'शशि' इत्यादि।

सबसे पहले कहानियों की किताबें जो मैंने पढ़ी और बहुत अच्छी लगी वो थी 'मुंशी प्रेमचंद की कहानियाँ' और बाद में 'पंचतंत्र की कहानियाँ'। जिन्होंने मुझे बहुत प्रभावित किया। मैं लगभग हर साल प्रगति मैदान में लगने वाली पुस्तक प्रदर्शनी में जाता हूँ, पुस्तकें देखता हूँ, खरीदता हूँ। मुझे जिन प्रकाशनों ने बहुत प्रभावित किया वह एन.बी.टी., साहित्य अकादमी, भारतीय ज्ञानपीठ और जिन लेखकों ने बहुत प्रभावित किया वह है मुंशी प्रेमचंद, रविन्द्रनाथ टैगोर, धर्मवीर भारती, मक्सिम गॉर्की, ओ हेनरी, हंस ऐंडरसन इत्यादि। जिन किताबों ने प्रभावित किया वह 'श्रीमद्भागवत गीता', 'पावर ऑफ अनकॉनसियस माइंड', 'गाँधी जी की आत्मकथा', 'काम की प्रशंसा', 'हॉलिस्टिक हेल्थ', 'तपते दिन लंबी राते', 'थिंक

लाइक द विन्ची', 'धम्मपद'', 'कविताएँ बच्चन की चयन अमिताभ बच्चन का', 'समकालीन साहित्य', 'जैन', कमलेश्वर की 'कथा संस्कृति' इत्यादि।

चूंकि मैं एक नवोदित कवि हूँ, मैं जब आत्मकथन लिख रहा था और जब मैंने यह आत्मकथन अपने एक नए मित्र प्रतिष्ठित कवि नरेन्द्र सिंह 'नीहार' जी को भेजा तो उन्होंने सुझाव दिया कि आप इस आत्मकथन में अपने चिकित्सीय अनुभव के अलावा आपको पहली कविता की प्रेरणा कहाँ से मिली? और कुछ काव्य संकलन के महत्वपूर्ण संस्मरण जरूर लिखें। उसी संदर्भ में यहाँ कुछ लिख रहा हूँ।

इस कविता संकलन को पूरा करने में मेरा तो बहुत कम योगदान है, सबसे ज्यादा योगदान है तो प्रकृति, व्यक्तियों और पुस्तकों का जिनसे मेरे अब तक के जीवन काल में परिचय हुआ है। इस कविता संकलन से पहले मैं बहुत सी कविताएँ पढ़ चुका हूँ। जिनमें हैं, पाब्लो नेरूदा की 'तुम धीरे-धीरे मरने लगते हो', रवीन्द्रनाथ टैगोर की 'साध', कुँवर नारायण की 'एक अजीब सी मुश्किल', रामदरश मिश्र की 'पुस्तकें', लीलाधर जगूड़ी की 'जो ठोकर खाते हैं', विश्वनाथ प्रसाद तिवारी की 'सपने', नरेन्द्र सिंह 'नीहार' जी की 'देश बड़ा है', हरिवंश राय बच्चन की 'दैत्य की देन', अटलबिहारी वाजपेयी की 'मेरी इक्यावन कविताएँ', केदारनाथ अग्रवाल की 'जीने का दुःख', प्रतिभा राय की 'द्रौपदी', नरेन्द्र मोदी की 'साक्षी भाव' और रस्किन बॉड, राधेश्याम, डॉ. पुरूषोत्तम उपाध्याय, डॉ. रमेश पोखरियाल 'निशंक' की कई कृतियाँ इत्यादि। इन सभी कविताओं से मैं बहुत प्रभावित हूँ।

मैंने कवि कुशेश्वर की एक कविता 'फैलाव' पढ़ी थी। उसको पढ़ने के बाद इतना प्रभावित हुआ कि मैंने उसी शीर्षक पर एक कविता लिखी जिसको जब मैंने पढ़ा तो इतना सराहा गया कि उसको एक पुरस्कार सम्मान के आयोजकों ने यूट्यूब पर डाल दिया। मेरा मानना है कि पद, प्रतिष्ठा, प्रशंसा, पैसा, प्यार, प्रोत्साहन, पुरस्कार पाने की हर किसी की कामना होती है और किसी की भी उन्नति में यह कैटलिस्ट का काम करते हैं। इस कविता ने मेरे पूरे कविता संकलन और कविताएँ लिखने में कैटलिस्ट का काम किया है।

इसके बाद एक बार मैं साहित्य अकादमी के पुस्तकालय में रखी हुई किताबों पर सरसरी तौर पर नजर डाल रहा था कि उस समय मैंने विश्वनाथ प्रसाद तिवारी जी की कविता 'सपने' पढ़ी। उससे भी मैं इतना प्रभावित हुआ कि 'सपने हमारे और आपके' शीर्षक से कविता लिख दी। इस कविता से भी मुझे बहुत प्रतिष्ठा, प्रशंसा मिली जिसका मुझे अनुमान ही नहीं था। अब तो यह कविता मेरे हर संबोधन का लगभग एक स्थायी हिस्सा हो गई है।

मैं अपने आपको बहुत संवेदनशील मानता हूँ क्योंकि मैं एक डॉक्टर हूँ। संवेदनशीलता आपकी ज्ञानेन्द्रियों की गुणवत्ता/उत्तमता पर निर्भर करती है। 'फैलाव',

'और मैं धातु हूँ' विषम परिस्थितियों के अनुभव पर, 'मौन भी एक भाषा है', एक प्रेम प्रसंग होने के बाद 'नाता', 'दो शब्द', घरेलू-पारिवारिक तना-तनी को देखते हुए, 'नमस्कार', अमेरिकन सभ्यता में अभिवादन की आदत से भी और 'पूर्णता' कविता वैज्ञानिक तथ्यों के अनुभव के ऊपर लिखी गई है। 'उपहार एक संदेश का' मेरी पोतियों का मेरे 63वें जन्मदिन पर हाथ से बनाया हुआ बधाई कार्ड में लिखा हुआ 'दादा कीप स्माइलिंग' ने मेरी सोच ही बदल दी है।

जैसा मैंने पहले कहा यह कविताएँ कोरी कल्पनाएं नहीं बल्कि जीवन का सच है, अनुभव है। कहते हैं कि अनुभव पशु भी करते हैं पर अभिव्यक्ति की क्षमता मनुष्य में होती है। इसी क्षमता को मैंने एक संकलन में उजागर किया है। सीखने के तीन ही तरीके हैं सुन के, देख के और कर के। जैसा समाज में साहित्य होगा वैसे ही लोग सुनेंगें, देखेंगे और करेंगे। मेरा मानना है समाज में यदि किसी तरह का बदलाव लाना है तो वह किसी भी व्यक्ति, समाज या देश के विचारों में बदलाव लाना होगा जैसा कि रामायण, गीता, गुरु ग्रंथ, आगमग्रंथ, कुरान, बाइबिल, त्रिपिटक इत्यादि ग्रंथों ने किया। साहित्यकार, लेखक, कवियों एवं अन्य लोगों का योगदान समाज को बदलने में राजनेताओं से ज्यादा रहा है क्योंकि आखिरकार राजनेताओं को, अधिकारियों को और समाज के अन्य प्रभावशाली लोगों को बनाने में साहित्य का बड़ा योगदान रहा है। मेरा मानना है साहित्यकारों का योगदान अतुलनीय है और ठीक ही कहते हैं साहित्य, समाज का दर्पण है, 'सत्यम् शिवम् सुंदरम्'।

हर व्यक्ति, वस्तु की उत्पत्ति सूक्ष्म अणु से होती है। मेरे इस कविता संकलन की शुरुआत सूक्ष्म कविता से हुई जिसका शीर्षक है— 'फैलाव' और यह सब काव्य फैलाव इसी एक कविता की देन है, जो आज मुझे यहाँ तक ले आया है कि मैं आपके सामने एक कविता संकलन को प्रस्तुत कर रहा हूँ।

मैं लगभग पिछले 40 साल से ऑर्थोपीडिक सर्जरी द्वारा जन सेवा में लगा हुआ हूँ। कविता लिखने का काम मैंने पिछले 5 साल से ही शुरू किया है। वैसे तो मैंने अब तक सैकड़ों चिकित्सीय एवं सामाजिक लेख लिख चुका हूँ जो कि देश-विदेश के सर्वोच्च पत्र-पत्रिकाओं में प्रकाशित हो चुके हैं। लेकिन यह कविता संकलन पहला ही है। मेरी इस कविता संकलन की अनुभूति कुछ ऐसी ही है जैसी किसी व्यक्ति को पहली प्रिय वस्तु या व्यक्ति को पाने की होती है। आने की खुशी तो बहुत है लेकिन थोड़ी सी शंका भी है कि पाठकों को पसंद आएगी भी या नहीं।

इस संकलन में मेरी हर कविता के पीछे एक कहानी छिपी हुई है और आगे एक संदेश। मेरे कविता संकलन की एक भी कविता या फिर उसकी यदि कुछ

पंक्तियों को ही पढ़ने और पढ़ाने लायक समझा जाता है तो डॉ. बी.आर. आम्बेडकर की कही हुई बात कि 'जीवन बड़ा होना चाहिए न कि लम्बा', तो मेरी पुस्तक का उद्देश्य ही नहीं बल्कि मेरे जीवन का उद्देश्य भी कुछ हद तक सार्थक हो जाएगा।

इस संकलन में हर कविता में कोई न कोई संदेश छिपा है। इसी उद्देश्य के साथ इस उपहार को आपको समर्पित कर रहा हूँ। मुझे पूर्ण आशा है संदेश उपयोगी होंगे और पाठक भी इनको पढ़कर लाभान्वित होंगे यदि ऐसा नहीं, तो मनोरंजन तो होगा ही। मैं आपकी प्रतिक्रिया का आकांक्षी हूँ।

मेरी ओर से इस कविता संकलन के प्रकाशन में बहुत विलम्ब हुआ है। अंत में मैं अपने परिजनों, सहयोगियों, प्रकाशक एवं भूमिका लिखने के लिए डॉ. रमेश पोखरियाल 'निशंक', केन्द्रीय शिक्षा मंत्री, डॉ. श्याम सिंह 'शशि', डॉ. सुधारानी पाण्डेय, नरेन्द्र सिंह 'नीहार' और डॉ. जयप्रकाश 'कर्दम' जी का आभारी हूँ। इन सभी के सहयोग से यह उपहार आप तक पहुँच रहा है।

कवि कुशेश्वर, विश्वनाथ प्रसाद तिवारी, रामदरश मिश्र, कुँवरनारायण, डॉ. पुरूषोत्तम उपाध्याय की कविताएँ पढ़ने से मुझे जो कविता लिखने की प्रेरणा मिली उसके लिए मैं उन सब का वंदन करता हूँ और हृदयतल से धन्यवाद देता हूँ। अंत में मैं अपनी कविता की कुछ पंक्तियों के माध्यम से आप सब को आभार एवं धन्यवाद देना चाहता हूँ–

आज यहाँ जो पूरा हो रहा
यह सपना ही तो था, और क्या?
हमारे सपनों को सँवारने के लिए
आपको धन्यवाद,
और आपके सपनों को सँवरने के लिए
हमारी शुभकामनाएँ।

15 नवंबर, 2021

—डॉ. भूपेन्द्र कुमार सिंह संजय
पद्मश्री से सम्मानित

20/3, दून विहार, लेन नं. 2, जाखन
राजपुर रोड, देहरादून–248001 उत्तराखंड
फोन : 0135–2733500, +91–9412051155
ई–मेल : bkssanjay@hotmail.com

सामाजिक पक्षधरता की कविताएँ

डॉ. बी.के.एस. संजय का काव्य संग्रह 'उपहार संदेश का' की रचनाएँ पढ़ने का अवसर मिला। आज हिन्दी साहित्य में से प्रचुर मात्रा में कविताएँ लिखी जा रही हैं किन्तु कल्पना, भाषा और व्याकरण के बनावट के कारण अधिकांश कविताओं में संवेदना का अभाव दिखता है। कल्पना और भाषा के चमत्कार से कविता लिखने की परंपरा को डॉ. संजय ने तोड़ते हुए अपने अनुभवों के आधार पर जीवन का बुनियादी सच लिखा है। कहते हैं चिकित्सक को हृदय से कठोर होना चाहिए लेकिन कविता का तो काम ही पत्थर में जीवन अंकुरित कर देना है। पेशे से चिकित्सक और विज्ञान के विद्यार्थी रहे डॉ. संजय की कविताएँ शब्दों का मायाजाल नहीं रचती है बल्कि मानवीय जीवन की बुनियादी सच्चाई से अवगत कराती है। उनकी कविता 'भूख' केवल रोटी की भूख की तड़प ही नहीं बल्कि इंसान के अंतर्मन में छिपकर बैठी इच्छा, महत्वाकांक्षा, यश और वासना के भूख की भी व्याख्या करती है। वह लिखते हैं—

"भूख चाहे वह किसी भी प्रकार की क्यों न हो/वह सुख देने वाली पीड़ा है/और हम लोग/ना चाहते हुए भी उसे चाहते हैं।"

इस कविता में भूख की अनूठी और नई व्याख्या हुई है। कलमकार बहुत छोटी लेकिन इस संग्रह की सबसे प्रभावी कविताओं में एक है—

"कवि, लेखक, कलाकार/को उसके शरीर/या उसके चेहरे से/ना जानों न ढूंढ़ों/ढूंढ़ना है ही तो उसे/उसके शब्दों/संगीत, रचनाओं/कलाओं, कलाकृतियों/में ढूंढों।"

यह सच भी है कि कलाकार का व्यक्तिगत जीवन उसके सृजन से अलग होता है। कोई भी कला सृजन के बाद समाज की हो जाती है। संग्रह की अन्य कविताएं भी पाठनीय हैं जिनमें 'नए रिश्ते', 'फैलाव', 'आदमी', 'मेरी तो यह अभिलाषा', 'मौन भी एक भाषा है', 'शांति' आदि महत्वपूर्ण हैं।

कुछ कविताओं का शिल्प आकर्षित करता है। उसमें नयापन भी है। संग्रह की एक कविता है 'घर'। उसमें कवि गांव के घर को अतीत में जीता है, जिसमें उसकी यादें हैं। वह लिखता है—

''जब छोटे थे / गांव में रहते थे / गांव छोटा था / घर भी छोटा था / पर मन बहुत बड़ा था।''

ग्रामीण संवेदना की यह कविता घर और मकान में फर्क करना सिखाती है। वहीं दूसरी ओर वर्तमान समय में लगातार सिकुड़ते सामाजिक संबंधों पर भी चिन्ता व्यक्त करती हैं।

मैं डॉ. संजय को उनकी सामाजिक पक्षधरता के लिए बधाई देते हुए उनके इस संग्रह की सफलता हेतु शुभकामनाएँ देता हूँ। यह संग्रह अपनी उदात्त संवेदना और आमजन की भाषा के कारण हिंदी ही नहीं बल्कि हिंदीतर समाज में लोकप्रिय होगा, ऐसा मेरा विश्वास है।

1 जुलाई, 2021

—डॉ. रमेश पोखरियाल 'निशंक'
शिक्षा मंत्री, भारत सरकार
नई दिल्ली

अनुभूति के स्वर

इस संग्रह का अवलोकन करते समय मेरे नए-पुराने लेखन की समग्र धर्मा पंक्तियाँ मानस पटल पर उतर आई। पुस्तकें वार्तालाप करने लगीं, एक के बाद एक और तभी मेरी पुस्तक 'विश्व-कविता की ओर' प्रकट हुई। लगता है उसकी सम-सामयिक रचना मेरी पुरानी कविता की संवेदनाओं से बतियाने लगी हैं— एक सुमित्र की तरह। एक सहपाठी के समान। दृष्ट्रव्य है—

इदन्नमम्
इच्छाओं के हांफते लक्ष्य
कंठकाट होड़/जोड़-तोड़
समझौते और अहंभरी उपलब्धियाँ
जीवन-पथ के सहयात्री तो हैं
पर सर्वस्व नहीं
शायद हम भूल जाते हैं
प्रकृति-नियति के चमत्कार को
चढ़ते सूरज के नमस्कार को
काश/आकाश की ऊँचाई पर
'इदन्नमम्' हमारा मित्र होता
तो हम, हम न होते
हममें सब/और सबसे हम होते। ('विश्व-कविता की ओर, 2001')

वस्तुतः, साहित्य और समाज का अन्योन्याश्रित संबंध रहा है। 'कला, कला के लिए या कला समाज के लिए' विवादित विषय तो रहा किंतु सुधी समीक्षकों का समाज से सरोकार निरंतर बना रहा। साहित्य को स+हित के रूप में प्रस्तुत किया गया

तथा साहित्य सृजन को समाज से जोड़कर उसे यर्थाथवाद अथवा आदर्शोमुख यथार्थवाद की शब्दावली में परिभाषित किया गया। हिन्दी समालोचकों ने बीसवीं सदी में नया मोड़ लिया जिसमें पाश्चात्य समीक्षा–शास्त्र भारतीय संस्कृति साहित्य शास्त्र पर हावी होता गया। भारतीय रस और ध्वनि सिद्धांतों के संदर्भ में विकसित समीक्षाएं पश्चिम से प्रभावित होने लगीं।

समाज–शास्त्रीय दर्शन में 'चेतना' शब्द आता है जो चिति–चेतना, संज्ञा, चेतन्य, प्राण शक्ति, चेतन आदि का पर्याय है। भारतीय अध्यात्मिक प्रसंगों में इसे आत्मा, ब्रह्म, ईश्वर की संज्ञा दी जाती है। एकात्मवादी दर्शन भी यहीं कहीं ठहरने लगता है। व्यक्ति की अस्मिता के लिए अस्तित्व बोध जन्मता है और 'स्व' में 'पर' की अनुभूति होती है। व्यक्ति समाज बन जाता है और सृजक समाज का अंग होने के नाते उसे अपनी रचना–धर्मिता से जोड़ता है, जीवन के नित नए अध्याय लिखता है। वह समाज पर व्यंग्य कसता है तो कभी उसकी अपनी त्रासदी विभत्स रूप धारण कर लेती है।

संजय जी की इस पुस्तक में तमाम समाज समाया है। जिसमें संबंधों की खट्टी–मीठी अनुभूतियाँ हैं। जीवन की व्याख्या है और सीधी–साधी भाषा में उपजे स्वर हैं।

संबंध
संबंध लोगों के विचारों का मिलन है
और बंधन है विचारों का विरोध।
संबंध आत्मीयता की भूख है
तो बंधन की विवशता...

संबंध और संशय
नदी के दो किनारे हैं
जो आपस में
कभी नहीं मिलते...

कुछ के लिए तो हर दिन
पूरणमासी होती है
और कुछ के लिए पूरी जिंदगी
अमावस्या की रात होती है।...

(रचना–काल 3 जुलाई, 2019)

मेरी आयु के अनेक मित्र इसी प्रकार की भावनाओं में रचे-बसे हैं। प्रसंगत: कुछ परिवारों में बच्चों के नाम एक जैसे ही हैं। "two wise men think alike" (दो बुद्धिमान व्यक्ति एक जैसा सोचते हैं) यदि ऐसा ही है तो डॉक्टर साहब के 'संजय' नाम का 'स' हमनाम-राशि के तीन शब्दों से एकाकार कैसे हो गया? स्वाभाविक है, शब्दों का भी संबंध होता है, रिश्ता-नाता होता है जो मन से मन को जोड़ता है। सोशल मीडिया से भी संतुलित संबंध बनाए रखता है। 'सत्यं ब्रूर्यात प्रियं ब्रूर्यात' भी बना रहे की भावना जहां समानता, वैदिक युग के सम्यक समाज की दिशा-बोधक है वहां 'वसुधैव कुटुम्बकम्' का संदेश भी देती है। कर्तव्य बोध हमें गीता में श्रीकृष्ण के उपदेश 'कर्मण्येवाधिकारस्ते मा फलेषु कदाचन' का स्मरण कराता है और 'संतोष सुखस्य परम् निधानम्' के सुखद जीवन (Art of living) की सीख भी देता है। यह सूक्ति और अधिक मौंजू लगती है। मुझे विभिन्न संस्थाओं की तरह साहित्य अकादमी के इक्के-दुक्के निर्णायक-मंडल में सम-सामयिक कृतियों का मूल्यांकन करने का सुयोग मिला है किंतु स्वयं की अपेक्षा दूसरों को पुरस्कार-सम्मान मिलना अच्छा लगता है। हाँ, कभी-कभी सुपात्रों को भी पूर्ण न्याय नहीं मिलता। संभवत: परिस्थितियाँ और सीमाऐं भी विवशता बन जाती हैं।

संस्कृत के महान कवि राज्याश्रित कालिदास और अन्याश्रित भवभूति की उपमाओं की तुलना करते हुए एक आलोचक भवभूति के मुख से कहलवाते हैं।

'उत्पत्यते मम कोऽपि समान धर्मा
कालोयम निर्वधिर विपुला च पृथ्वी।'

(जिसका भावार्थ है—इस विशाल पृथ्वी पर मेरा समानधर्मा कोई ना कोई पाठक अवश्य मिल जाएगा।)

मैं यहाँ उक्त प्रकरण के बहाने एक मेडिकल डॉक्टर की शिल्पित-अशिल्पित रचनाओं को सतर्क करना चाहता था। निश्चय ही, उनकी सूक्तिनुमां रचनाओं में मानवीय स्वर हैं, भूख के अनेक रूप हैं; रिश्तों की तल्खियाँ हैं। अभिलाषा, अनुभव और उपहार भी हैं। हँसी, कला व प्राथनाएँ हैं। ये रचनाएँ, पहाड़ के टेढ़े-मेढ़े रास्तों की बजाय नदी का सपाट विस्तार चाहती हैं। उनमें प्रेम, सुख-दु:ख, शांति, इच्छा, विज्ञान, कला, विकास और बाल सुलभ मन है। मर्यादा पुरूषोत्तम राम की जितनी स्वस्थ मर्यादा है कदाचित उतनी श्रीकृष्ण की सोलह कलाओं में नहीं। शायद रचनाकार- चिकित्सक संजय जी के सर्जीकल उपकरणों में अलंकारों की छनछनाती कला आ टपके—अमेरिका के भारतीय प्रवासी डॉक्टर कवि विजय

कुमार मेहता की गुलाबी कविताओं की तरह! सुगंध विकिरण हायकू या सुमधुर सूक्तियों-सी! और अन्ततः राजधानी दिल्ली के त्वचा-डॉक्टर राधे श्याम मिश्र के 'रामचरित्रमानस' का भक्ति रस उंडेलती तुलसी-चौपाइयों-सी!!! और अधिकाधिक उत्कृष्ट मंगलकामनाओं के साथ-

24 सितम्बर, 2021

—डॉ. श्याम सिंह 'शशि'

(पीएच.डी.)-(डीलिट) द्वया

(राष्ट्रपति भारत, द्वारा पद्मश्री हिन्दी तथा अंग्रेजी साहित्य, 1990) से सम्मानित

'मौन से संवाद रचती कविताएँ' उपहार संदेश का

कविता का काम क्या है ?
दूसरों की चेतना में पैठ बनाना
दूसरों की मानसिकता को प्रभावित करना
और दूसरों की सोच को रूपांतरित करना

ये पंक्तियाँ हैं 'उपहार संदेश का' कविता संग्रह की और रचनाकार हैं पद्मश्री डॉ. बी. के. एस. संजय। यह संयोग ही कहा जाएगा कि अमृत महोत्सव पर्व पर इस कृति में 75 कविताओं के माध्यम से आजादी के 75 वर्ष एवं समाज, जीवन और सृजन कर्म का एक समवेत चित्र इस काव्य संग्रह में विद्यमान है।

संग्रह की सभी कविताएँ इस बात की स्पष्ट साक्ष्य हैं कि कविता की शक्ति द्वारा प्रबल विश्वास और मानव मात्र की सामर्थ्य में आस्था और विश्वास से जीवन का नव संदेश जागृत किया जा सकता है। साथ ही अनुभवों के व्यापक संसार समकालीन युग जीवन की समस्याओं, मान्यताओं, उपस्थापनाओं और परंपरा से प्राप्त अंतर्शक्ति के माध्यम से कोई कवि जीवन दर्शन का रहस्य समझता है, गुनता है और कभी-कभी अपरिहार्य स्थितियों से संघर्ष भी करता है। इसीलिए कविता कवि की वैयक्तिक अभिव्यक्ति होकर भी वह सामाजिक कार्य है।

संग्रह के प्रारंभ में आत्मकथन में कवि ने स्वीकार किया है कि ये कविताएँ नहीं मेरे अपने जीवन के अनुभव हैं, उनको गद्य की तरह नहीं पद्य की तरह लिख दिया है।

इस विषय पर भी पाठकों को विस्मित नहीं होना चाहिए कि सुविख्यात अंतर्राष्ट्रीय ख्याति प्राप्त शल्य चिकित्सक और कविता की बात! वस्तुतः साहित्य और विज्ञान परस्पर पूरक तत्व हैं मानो जड़ चेतन का समन्वय।

पद्म श्री डॉ. बी. के. एस. संजय विज्ञान के अध्येता रहे हैं और चिकित्सा क्षेत्र में सुप्रसिद्ध चिकित्सक। छात्र जीवन से ही साहित्य के प्रति जो अभिरूचि और संस्कार स्थापित हुए वह परिष्कृत रूप में कवि कर्म से साक्षात्कार के साथ कविता के

जीवन दर्शन के रूप में अभिव्यक्त हुए हैं। भावुकतापूर्ण और समकालीन युग बोध के प्रति सजग व्यक्ति के अंतर्मन को दूर तक प्रभावित करने वाला यह जीवन दर्शन विशेष रूप में उस व्यक्ति के लिए है जिसमें संवेदना हो और स्वयं भी सहृदय हो। यही संवेदना और सहृदयता काव्य और विज्ञान के मूल में छिपा सूत्र है जो मानवता के लिए शिवेतरक्षतये अर्थात अमंगल से कल्याण की कामना करने वाली भावना है।

संग्रह की सभी कविताओं में विभिन्न भावों, विभिन्न विचारों के कई शेड्स उभरे हैं और उनके माध्यम से यशस्वी कवि ने नई सदी के जीवन की समस्याओं, चुनौतियों से भरे दुर्दिन में सुख के आभास की आशा में जीवन की नई परिभाषा रची है।

संग्रह की कविताओं की प्रकृति और कवि की रचना प्रक्रिया पर कुछ कहने के पूर्व संग्रह की पहली कविता 'कविता क्या है?' द्वारा काव्य सृजन की जिस अंतर्धारा का संज्ञान कवि ने किया है वह प्रत्येक सृजनधर्मी कवि की सहानुभूति रही है। यही संवेदनामयी सहानुभूति सामूहिक चेतनाभूति के साथ मिलकर सभी की अनुभूति बन जाती है। साहित्य भावः तत्साहित्यं और हितं पिहितं तत्साहित्यं जैसी पंक्तियाँ इसी अवधारणा को पुष्ट करने वाली रही हैं। 'कविता क्या है?' के प्रश्नचिन्ह के साथ कविता की सार्थकता का सवाल कवि के मन में उभरना स्वाभाविक है। चिर काल से प्रत्येक रचनाकार के मन में यह प्रश्न चलता रहा है कि मैं कविता क्यों करता हूँ? स्वातः सुखाय की भावना से अथवा अपनी कविताओं की रचना द्वारा वैश्विक चेतना का नया विहान सजाने को जो मानव मात्र की सुख-दुःख भरी भावनाओं को धरती-आकाश से संवाद स्थापित कर सके और सभी के लिए अमंदानंद की पृष्ठभूमि स्थापित करे और युग-युग के लिए भविष्य की संदेशवाहक भी बने। कविता समय के साथ निरंतर बहती चलती है। नदी की धारा की भाँति ऋजु-कुटिल मार्गों के बीच अपना रास्ता स्वयं बनाती है, अपने को रचती है, सवाँरती है और कभी-कभी स्वयं को तोड़ती भी है। कविता के विषय इसी लोक में विद्यमान रहते हैं और लोक से ही अभिप्रेरित होकर अथवा लोकधर्मिता से प्रभावित कवि अपनी काव्य रचना में प्रवृत होते हैं और अपनी महनीय रचनाओं द्वारा वाङ्मय को समृद्धि प्रदान करते हैं। कविता के संदर्भ में संस्कृत आचार्यों, आंग्ल विद्वानों की लंबी परंपरा में आधुनिक युग के कवियों, समीक्षकों द्वारा हर युग में कवि और उनकी कविताएँ अपनी परिभाषा के साथ नए कलेवर में आती हैं किंतु मर्म सभी का एक ही रहता है। कविता के नये प्रतिमान नवीन मानदंडों के अनुरूप स्थापित होते रहे हैं। यह प्रसंग लंबी शास्त्र चर्चा का विषय है।

'कविता क्या है?' में कवि ने कल्पना और जीवन के अनुभवों को व्यक्त करते हुए काव्य के उस मर्म की ओर इंगित किया है जो किसी भी युग के कवि की चेतना का मूलस्रोत बनता है—

कविता का काम क्या है?
दूसरों की चेतना में पैठ बनाना
दूसरों की मानसिकता को प्रभावित करना
और दूसरों की सोच को रूपांतरित करना
यदि कविता यह नहीं कर पाई
तो कविता कहाँ है?
बल्कि एक निरर्थक रचना है॥

पहली कविता की इन्हीं पंक्तियों द्वारा कवि ने युगों से चली आने वाली कविता की परिभाषा को रेखांकित किया है—

अपारे काव्यसंसारे कविरेव प्रजापतिः
यथास्मै रोचते विश्वं तथेदं परिवर्तते॥

कवि प्रजापति की भाँति सृजनकर्ता है। कविता के द्वारा संपूर्ण विश्व को परिवर्तित करने की क्षमता उसकी रचनाओं में विद्यमान रहती है। कवि का कल्पना संसार, रचना संसार अद्भुत हैं, व्यापक हैं जिसे वह कविता जैसे अनुभवों के व्यापक आयामों के साथ ज्ञानात्मक संवेदन को प्रेरित करने वाले कई अनुशासनों की सीमाओं के अंदर एक सर्वथा अभिनव जीवंत चेतना और अभिव्यक्ति क्षमता के साथ परिचय देता है।

"कवयः कांतदर्शिनः" की परंपरा में कविता की सार्थकता का सवाल उठाते हुए इस रचना संग्रह में नई सदी की कविता के अर्थ और मर्म दोनों के द्वारा सशक्त अभिव्यक्ति के स्वर विद्यमान हैं। सभी कविताओं में जीवन के यथार्थ की तीखी अभिव्यक्तियों के साथ दार्शनिक चैतन्य की अद्भुत व्याख्या है। यहाँ जीवन के प्रति आश्वस्ति जगाने वाली कविताओं के साथ भौतिकता और अध्यात्म का सुंदर समन्वय दिखता है जिसे इन कविताओं की गहराई में जाकर ही समझा जा सकता है।

वस्तुतः नई सदी को अनेक नये परिवर्तनों के साथ अंतर्विरोधों की सदी भी कहा जाए तो अत्युक्ति न होगी। संवेदन शून्यता, असहिष्णुता, सघन स्वार्थ की पराकाष्ठा, हिंसा, अवांछित राहें और विकृत मानसिकता की कई अवधारणाऐं इस युग के विनाशक सूत्रधार बने हैं जबकि रूढियों से परे वैभव भरे विज्ञान की नई उपलब्धियाँ दलित, पीड़ित, शोषित मनुष्य की चिंताऐं, संचार और विचार की असाधारण उपलब्धियाँ भी इस युग की संवाहक रही है।

आत्मकथ्य में डॉ. संजय ने हिंदी के वरिष्ठतम् कवियों विश्वनाथ तिवारी, कुशेश्वर और डॉ. रामदरश मिश्र की कविताओं से प्रेरित होने की बात लिखी है। वस्तुत: ये तीनों कवि जनता की आवाज के कवि हैं। उनकी कविताओं की दुनिया उनकी अपने आस-पास की दुनिया है। 'उपहार संदेश का' संग्रह की कविताएँ भी कवि के अंतर्मन और उन अनेक जीवनानुभव की कविताएँ हैं, जीवन की एकांतिक अनुभूति होकर भी सबकी अनुभूतियाँ हैं। ये अनुभूति समय-समय पर सृजनात्मक भावांकन के साथ कविता में विभिन्न विषयों को समाविष्ट करती जनमानस के लिए एक नया संसार रचने वाली कविताएँ हैं। अपने समय से साक्षात्कार करती इन कविताओं में कवि की चेतना सजग भाव से सूक्ष्म संवेदन सूत्रों से बंधी भोगे हुए यथार्थ की परिभाषा रचती दिखती है। डॉ. संजय की कविताओं को पढ़ते हुए मुझे टी. एस. इलियट की पंक्तियाँ स्मरण आ रही हैं जिसका भावानुवाद इस प्रकार से है— आज की कविता व्यक्ति की अभिव्यक्ति नहीं व्यक्तित्व से बचाव चाहती है। कवि की विशेषता इसमें है कि वह किस प्रकार अपनी वर्ण्य वस्तुओं में अपने व्यक्तित्व को डुबो देता है किंतु ऐसा वही कर सकते हैं जिसका खुद का महत्वपूर्ण व्यक्तित्व हो।

अप्रासंगिक नहीं है कि संग्रह की ये सभी कविताएँ कवि के ऐसे ही व्यक्तित्व को उद्घाटित करती कविताएँ हैं। संग्रह की पहली कविता के साथ ही कवि के अंतर की प्रश्नाकुलता कविता की सार्थकता का सवाल उठाती कविता है। चिर काल से यह सवाल हर कवि के अंतर्मन में उठता रहा है कि वस्तुत: कोई कवि कविता क्यों और किसलिए रचता है?

इस संग्रह की सभी कविताएँ उस समय को परिभाषित करने वाली कविताएँ हैं जहाँ मानवीय मूल्यों की स्थापना के साथ उन छद्म मुखौटों का पर्दाफाश करते हुए उस भयावह संकट से आगाह करना भी है जो समाज को नैतिक मूल्यों से हटाकर विध्वंस की दुनिया की ओर ले जा रहे हैं। ये कविताएँ समाज की वास्तविकताओं को उजागर करती हुई अपनी कलात्मक उपलब्धियों एवं वास्तविक जीवन को संप्रेषित करने में सफल कविताएँ कही जाएगी।

'पुस्तकें' कविता में कवि की पंक्तियाँ हैं—

लगता है
रामदरश मिश्र का कवि
मेरी अंतश्चेतना में विहरते हुए
आवाज देता है

और रामदरश मिश्र की भांति रात के सपने में भोर का सूरज गढ़ती डॉ. संजय की कविताओं का संसार आस-पास की दुनिया की मर्म कथा सुनाता संसार है, जहाँ जीवन छोटा है और बताने को ज्यादा है। उस धरती की वेदना है जहाँ काँटों और कड़वाहट के बीच अपनी बात कहते कवि की कल्पना एक नए तेवर के साथ प्रकट हुई है—

मैं तो उस धरती में पैदा हुआ
जहाँ पर, काँटे और कड़वाहट
पैदा करने वाले नीम, बबूल और बेर की भरमार थी
लेकिन कहीं दूर पर पलास की भी बुआर थी

इन्ही काँटों और कड़वाहट जंगल की आग के रूप में पहचाने जाने वाले पलाश की आग की व्याख्या में रमण करते कवि का मन पुस्तकों से प्रेम की पुरानी गाथाओं में डूब जाता है। कवि की दृष्टि में व्यक्तियों की तुलना में पुस्तकें ही शुभ चिंतक हैं, पुस्तकें सबसे अच्छी मित्र हैं।

जीवन के रण में निर्णय ही कर्म है इन पंक्तियों में जीवन यथार्थ की तीखी अभिव्यक्ति के साथ दार्शनिक व्याख्या का जो स्वर है वह ज्ञान और विज्ञान के समन्वित दृष्टिकोण के माध्यम से आधुनिक युग की अनुभूतिगत जटिलता और वास्तविक स्थितियों का सुंदर परिदृश्य उपस्थित करने वाली पंक्तियाँ हैं। भूख को सुख देने वाली पीड़ा की परिभाषा रचती कविता एक नये लोकगत अनुभूति का अनुभव कराती है जो वस्तुगत यथार्थ की भावपूर्ण पंक्तियों में उभर कर आई है—

भूख, चाहे वह किसी भी प्रकार की क्यों ना हो
यह सुख देने वाली पीड़ा है
और हम सब लोग
ना चाहते हुए भी इसे चाहते हैं

अनुभूतियों के विस्तृत आकाश तले उनकी कविताएँ कोरी भावुकता और काल्पनिकता से परे जीवन की उस व्याख्या में सफल रही है जहाँ वे जीवन आस्था, निष्ठा और संघर्षों से सामाजिक सरोकार रखते हैं। संबंध ऐसे ही गंभीर दार्शनिक मनोभावों को मुखरित करती कविता है किंतु धरती के जीवन की सच्चाई स्वत: पूरी कविता में गूँजती दिखती है। संबंध, बंधन, शंका, सरोकारों की इस कविता में अलगाव का कारण अभिशप्त संबंधों की दुनिया है, अर्थपूर्ण चमत्कार भरी अनुभूति की यह कविता जीवनानुभव की सच्ची अभिव्यक्ति है—

सम्बन्ध और संशय
नदी के दो विपरीत किनारे हैं

जो आपस में
कभी नहीं मिलते

इस कविता की आगे की पंक्तियाँ दर्शनीय हैं—

सम्बन्धों का सम्बन्ध
संवाद से है,
संवाद का सम्बन्ध
दिलों से है दूरियों से नहीं॥

संवादहीनता की भूलभुलैया में खोया आधुनिक मानव आधुनिक समाज में बहुत दूर रहकर भी पास है और एक छत के नीचे रहकर भी आपसी संबंधों से कोई सरोकार नहीं। उत्तर आधुनिकता के संक्रमण के दौर से गुजरते संवादहीनता का यह प्रश्न कवि का अपना व्यक्तिगत प्रश्न नहीं है। ऐसी ही प्रश्नाकुलता से भरी कविता है 'नये रिश्ते' जहाँ रिश्तों को बनाने निभाने की व्याकुलता कुछ इस प्रकार मर्म भरे स्वर में व्यथापूर्ण संवेदना के साथ फूट पड़ी है उसके रिसने की मर्मांतक वेदना इस कविता में देखी जा सकती है—

रिश्ते, तो बनते ही
रिसने शुरू हो जाते हैं
नये घर में, नये रिश्तों का
रिसना ऐसे ही होता है
जैसे नये घड़े से
पानी का रिसना
पानी रिसता है
तो पानी ठंडा होता है
रिश्ते, रिसते हैं तो
रिश्ते ठंडे होते हैं
पानी की तरह

अंतिम पंक्तियों में मनुष्य और समाज के टूटने की ट्रेजेडी का जो त्रास भरा दृश्य चित्रित किया गया है उसे वही कवि शब्दों में बाँध सकता है जिसने समकालीन समाज की इस वेदना को पहचाना है, अनुभव किया है,

घरों से रिश्ते बह जाते हैं
पानी की तरह
जिन्हें बटोरना, बचाना मुश्किल होता है
पानी की तरह

रिश्तों को बनाना मुश्किल है
रिश्तों को निभाना मुश्किल है

'फैलाव' कविता संग्रह की सर्वोत्कृष्ट कविता के रूप में अपना परिचय देने वाली कविता है—

जीवन भर हम जलते रहे,
वह पीटते रहे
और धातु की तरह हम पिटते रहे
कभी इच्छा से
कभी अनिच्छा से

ये पंक्तियाँ जिस गहरे भावत्रास को व्यक्त करती हैं उसमें कवि के मन में चलने वाली चिंताधारा एक नयी सृजन प्रक्रिया के रूप में सामने आई है। कवि की संवेदना में उपजते विद्रोह की आवेगमयी अभिव्यक्ति की पहचान कराती विद्रोह को सार्थक स्वर देती कविता है। 'फैलाव' संपूर्ण अंतर्मन को झकझोर देने वाले इस ताप को कवि ने भावानुकूल सार्थक शब्दों बिम्बों के माध्यम से व्यक्त किया है। सांसों का विद्रोह जैसे भट्टी की लपट बन गया है और धातु की चद्दर बनने की प्रक्रिया में फैलाव के साथ नए स्वरों में वही विद्रोह क्रांति और कृतज्ञता के संगीत की भाँति बजने को व्याकुल है—

हम चद्दर बनते रहे
और इस चद्दर बनने की प्रक्रिया में
कुछ लोग हमें सँभालते रहे
और हम फैलते रहे
और यही फैलाव
आज हमें यहाँ ले आया है
जो सब आप यहाँ देख रहे हैं
यह सब इसी फैलाव का परिणाम है।

कवि कृतज्ञ है उन लोगों के प्रति भी जिन्होंने उसे पीटा और जिन्होंने उसे संभाला। इस संत्रास भरे जीवन की उपलब्धि कवि की दृष्टि में वह फैलाव है जो पिट कर, फैलकर अपनी सार्थकता व्यक्त करती है चाहे वह जड़ धातु हो अथवा संवेदनशील मानव मन।

मैं कृतज्ञ हूँ
उन सब लोगों का
जिन्होंने

मुझे सँभाला
और
उन सब लोगों का भी
जिन्होंने
मुझे पीटा
कृतज्ञ हूँ
कि
वह पीटते रहे
और हम फैलते रहे।

अद्भुत प्रतीकपूर्ण सुररियलिस्टिक शैली का प्रयोग करते हुए कवि ने सरलतम् भाषा के दिग्दाह में भट्टी में जलती हर धातु को जलते-पिटते हुए देखने का सार्थक और सफल प्रयोग किया है और जीवन से तादात्म्य स्थापित करते हुए जड़-चेतन की सूक्ष्म व्याख्या की है।

'शान-मान' ऐसी कविता है जिसमें कवि ऐसे सत्य की खोज में विकल है जहां भौतिकवाद की उद्दाम आकांक्षाओं के आकाश में उड़ते मनुष्य की मकड़जाल में उलझी संवेदना में सच्चे और अच्छे जीवन की कला को न पहचान पाने के कारण जीवन ही व्यर्थ है। हार-जीत से परे नई संभावनाओं की तलाश में अपने भावों की अभिव्यक्ति सुंदर शब्द चित्रों में कवि ने की है—

घरों में है क्रियाओं
और
प्रतिक्रियाओं
का खेल है
शुरू में खेल को
लेते तो हैं खेल
लेकिन खेल के अन्त को
नहीं पाते झेल

कवि की अवधारणा है कि हर खेल की शुरूआत संघर्ष से होती है और अंत समझौते से। इसी आशावादी स्वर की आकांक्षा में कवि ने अवश अपनी बात रखी है-

घरों के खेल हों
साझेदारी के, भागीदारी के
जिसमें ना हार हो, ना जीत हो
पर हो सामंजस्य और समझौता

जैसा कि
हम सब ने किया है
सूरज से, धरती से,
हवा से और पानी से।

'मौन भी एक भाषा है' संग्रह की अन्यतम रचना है। भाव और भाषा की परिभाषा के अंतर्द्वंद में खोए कवि के जीवनानुभव की स्वानुभूति, सर्वानुभूति में परिणत होती गई है मानवता भरी उग्रविचार संपदा से संकलित प्रश्नात्मकता से भरी यह कविता मौन रहकर भी तीव्र चेतना की प्रवाहमयी भाषा में पाठकों को भी आत्मचिंतन के लिए विवश करने वाली कविता है। जीवन यात्रा के माध्यम से भाषा और संवाद की पड़ताल करते कवि ने निरंतर जटिल होने वाले वर्तमान और अतीत के दृश्यों को अपनी कल्पना और भावाकुलता से जो शब्द दिए हैं, और निष्कर्ष भी दिया है कि मौन भी एक भाषा है। अर्धांगिनी, बलात्कार पीड़िता, यज्ञसेनी के कर्कश शब्दों, कृष्ण के चक्र से सूर्य ढ़कने की गाथा के साथ भाषा और मौन की जो व्याख्या कवि ने की है वह कुछ न कुछ कहकर भी बहुत कुछ कहने को आतुर है। कविता की एक-एक पंक्ति, एक-एक शब्द, एक-एक भाव कई-कई बार नये अर्थों में अपनी भंगिमा प्रकट करने वाला है। कविता की अंतिम पंक्तियाँ अवलोकनीय हैं—

महाभारत के युद्ध में
कृष्णा की शाब्दिक भाषा
महाभारत की नींव है
तो कृष्ण की मूक भाषा
महाभारत का अंत
तब लगता है
मौन भी एक भाषा है।

वस्तुतः इस पूरी कविता ने भाषा चिंतन की दार्शनिक और व्यवहारिक परंपरा का जो चित्र खींचा है यहाँ भाषा के चारों रूप परा, पश्यंती, मध्यमा और वैखरी को शब्द दिए हैं। भाषा (वाक्) की जो दार्शनिक और वैज्ञानिक शक्ति वेदों में रेखांकित की गई है। वह सदैव समाज सापेक्ष होती है। ऋग्वेद के वाक्सूक्त में वाक् (भाषा) को-वाग्वै सम्राट परमं ब्रह्म की व्यापकता की भांति सिद्ध किया है। वाणी का ज्ञान वाक् छंद भाषा के विविध रूपों और प्रयोगों की व्याप्ति के अतिरिक्त भाषा की अवधारणा में कवि ने मौन और अभिव्यक्ति का सुंदर समन्वय स्थापित किया है—

हाँ,
पर, मौन

कभी, भाव की स्वीकृति है
तो
कभी, भाव की अस्वीकृति
पर, मौन भी एक भाषा है
हाँ, मौन भी एक भाषा है।

'प्रार्थना', 'पूर्णता' जैसी कविताएँ जीवन के प्रति आश्वस्ति भरी कामना सकारात्मक चिंतन ज्ञान-विज्ञान की व्याख्या के साथ भौतिकता और आध्यात्म का समन्वय करती हैं। पूर्णता की ये पंक्तियाँ दृष्टव्य हैं—

प्राप्ति और त्याग ही
पूर्णता का आधार है
पूर्णता,
न केवल हम सब के
बल्कि
सूक्ष्म अण्ड
और विशाल ब्रहमाण्ड के भी
अस्तित्व का आधार है

पूर्णता में ही स्थायित्व और मोक्ष का आधार अनुभव करता है। इसी अनुभूति प्रवणता में पंक्तियाँ जागृत हो उठती हैं—

पूर्णता ही जीवन का लक्ष्य है
पूर्णता ही स्थायी है
और पूर्णता से ही मोक्ष है
इसीलिए, पूर्णता की ही खोज है

'नदी और पहाड़' सुंदर सघन अनुभूतियों की साक्षी बनती कविता है। नदी के समान सीधे और सपाट विस्तार की आकांक्षा भरी यह कविता जड़ता और चैतन्य के विस्तार की कविता है। नदी और पहाड़ के अस्तित्व की अर्थक्ता की स्पष्ट करती कवि की चेतना ने अत्यंत सूक्ष्म दृष्टि से नदी और पहाड़ के चरित्र की व्याख्या की है। एक ही स्रोत से उत्पन्न प्रकृति के दो तत्व अपने स्वरूप का परिचय स्थिरता और गतिमयता के रूप में देते हैं और उस स्वरूप की सार्थकता को परिभाषित करते हुए कवि ने उसकी प्रमाणिकता से भी परिचय कराया है—

नदी जैसे-जैसे बढ़ती है
औरों को गले लगाती हैं
अपना आकार और विस्तार बढ़ाती है।

जबकि पहाड़ जैसे-जैसे बढ़ता है
अपनों को छोड़कर
अकेला हो जाता है

पूरी कविता में सदानीरा और जड़ता भरे पहाड़ की जो व्याख्या है उसका आनंद पूरी कविता को पढ़ने पर ही प्राप्त हो सकता है।

'निर्णय' कविता मनोवैज्ञानिक संवेदना की कविता है। रामायण और महाभारत के मिथकीय प्रसंगों के साक्ष्य को उद्धृत करते हुए निर्णय को ज्ञान-विज्ञान और कला के साथ 'सत्यं शिवं सुंदरम्' को परिभाषित करने में लीन कवि ने अंतिम पंक्तियों में जीवन का सार समाहित कर दिया है—

निर्णय दुधारी तलवार है
जीवन के महायुद्ध में
निर्णय ही कर्म है
ठीक ही कहा है
जैसा करोगे, वैसा भरोगे

संग्रह की एक अन्य कविता है 'माँ' जो समकालीन क्रूर समाज की मुखर व्यथा है। नारों की दुनिया में डूबे समाज की विसंगति को 'माँ मुझे न जनना' की पंक्तियों में कवि ने बेटी की अंतर की मूक यातना को शब्द दिए हैं तीखा व्यंग्य भी यहाँ कविता को सार्थकता देने के साथ प्रकट हुआ है—

अच्छा होता
अगर
नारा होता
बेटा पढ़ाओ, बेटी बचाओ

एक ही पंक्ति में पूरे समाज की व्यवस्था के लिए जो संदेश दिया है वह मनीषी कवि और सारे सृष्टि कविता में भी सघन दार्शनिक किंतु व्यवहारिक अनुभूतियों की भाव प्रवणता से कविता का मर्म दूर तक बींजने वाला है। पूरी दार्शनिक कविता दृश्यमान जगत के संबंधों, व्यक्ति, समाज और प्रकृति की विज्ञान और आध्यात्म समन्वित जीवन दर्शन की कविता है-

'संवाद' कविता जीवन की गत्यात्मकता से अभिप्रेरित कविता है—

संवाद
समस्या के समाधान का एक
सरल, सहज, सुलभ
और सटीक साधन है

पूरी कविता में समाज युगीन जटिलताओं के साथ वाद-विवाद संवाद की गति और प्रगति की व्याख्या है। जीवन में प्रगति, संवाद और संबंध अन्योंन्याश्रित हैं वे ही जटिल समस्या के समाधान के सहयोगी भी हैं-

जीवन है
तो समस्या है
जितनी जटिल समस्या हो
उतना ज्यादा संवाद

'घर', 'दादी कभी बूढ़ी न होगी', 'पिता होना इतना आसान नहीं' जीवन के सच की बातें करती कविताएँ हैं जो प्राय: सभी के मन की अपनी कथा बाँटती सामने आई है। 'घर' और 'पिता होना इतना आसान नहीं' कविता को पढ़कर रामदरश मिश्र के कविता संग्रह 'रात सपने में है' की कविताओं का अनुस्मरण हो आया। भौतिकवाद की परिणति में जीवन के सुख के पल छूट गए हैं और सब कुछ पाकर भी अभाव की पीड़ा का दंश भोगने की विवशता हर समय सताती रहती है क्योंकि मन का साथ कहीं खो गया है। बहुत मार्मिक कविता है घर, गाँव और शहर की मनोवृति की जो प्रस्तुति कवि ने की है वह आज हम सबकी सांझी अनुभूति है। गाँव के छोटे से घर का सुख और शहर के सुविधापूर्ण बड़े घर का द्वंद कवि को दूर तक बाँधने वाला और पाठकों को भी द्रवित किए बगैर शांत नहीं रह पाता—

आज जब बड़े हैं
शहर में रहते हैं
शहर बड़ा है
घर भी बड़ा है
पर मन बहुत छोटा है
भाई-बहिन, गाय-बैल
और गैरों को
रखना तो छोड़ो
माँ-बाप को भी रखना मुश्किल है।

इन कविताओं की ध्वनि कवि की अपनी नहीं अपितु पूरे विश्व की पीड़ा मानों इन पंक्तियों में साकार हुई है।

'पितां ही परमं तप:' को चरितार्थ करती कविता 'पिता होना इतना आसान नहीं' में आज के समाज के टूटते परिवारों को बचाने की संभावना की तलाश करती कविता है, जहाँ मन की पीड़ा स्वयं विषपायी महादेव की भाँति प्रकट हो गई है—

परिवारों को बचाने के लिए

घरों के द्वन्दों से
निकले हुए विष को
महादेव की तरह पीना पड़ता है
इसलिए कहते हैं
पिता होना इतना आसान नहीं
जितना सोचते हैं लोग

संग्रह में 'कलाकार' और 'गाँठें' लघु कविताएँ हैं जिनसे कवि की काव्य प्रतिभा के एक नये रूप की झलक मिलती है।

एक मायावी अतिथि और छद्‌म शत्रु की तरह कोरोना धरती पर आया और अपने काँटों भरे व्यवहार से पूरी दुनिया को अस्त-व्यस्त करके रख दिया है। अप्रासंगिक नहीं है कि चिकित्सक जगत के साज-शृंगार, तमाम वैज्ञानिकों के शोध और तिल-तिल कोरोना का त्रास झेलती पूरी दुनिया के मन-प्राणों को भय और अवसाद से त्रस्त कर दिया है। एक लहर, दूसरी लहर, तीसरी लहर में डूबते उतराते आसन्न मृत्यु के भय से कातर पूरी मानवता की कराह भरी आत्मा से संवाद रचती संग्रह की ताजी कविता 'पूरी दुनिया एक परिवार है' पर कवि के अंतर्मन को उद्वेलित ही नहीं किया है अपितु एक नये जीवन दर्शन की व्याख्या का सार प्रस्तुत किया है। वसुधैव कुटुंबकम् के उपनिषदीय वाक्य के उद्‌बोधन से वेदों द्वारा अभिनंदित मानव के रहस्यमय स्वरूप का चित्रण और स्वार्थ की पराकाष्ठा में मानव का चारित्रिक स्खलन, शाश्वत मूल्यों का पाशविक वृतियों के विजय से मानवीय सभ्यता आज विध्वंस के कगार पर मानों आ पहुँची है। युग की विडंबना का यही गहरा संताप प्रस्तुत कविता के कण-कण में समाया हुआ है। संवेदनशील कवि की पहचान इसी रूप में है कि सदी की सबसे दुर्भाग्यपूर्ण चुनौती और मानवता को त्राण दिलाने की आशा भरी इस कविता में समकालीन विसंगति के प्रति सजगता और कवि की आहत प्रतिक्रिया की अनुगूंज है। ब्रह्माण्ड, प्रकृति, विज्ञान और साहित्य के अंत: संबंधों की भाव-भरित अभिव्यक्ति के साथ चारों ओर मृत्यु का तांडव करते कोरोना और उससे प्रभावित पूरी दुनिया का एक साथ जो शब्द चित्र खींचा है वह प्रत्येक संवेदनशील सहृदय के अंतर्मन को उद्वेलित करने और गहरे संताप का कारण बनी है। अपनी सहजानुभूति को भाषा और दार्शनिक चिंतनपूर्ण कलात्मकता के साथ जो तालमेल 'पूरी दुनिया एक परिवार है' में दिखता है वह अपने ढंग का ही विशिष्ट प्रयोग है। वसुधैव कुटुंबकम् की सनातन अवधारणा को कोरोना के साथ लाक्षणिकता के साथ प्रस्तुत करते हुए कवि ने कुछ इस स्वरूप में अपने भाव व्यक्त किए हैं—

वसुधैव कुटुम्बकम् की उक्ति को
कोरोना महामारी ने
एक बार फिर सिद्ध कर दिया है
कि सच में पूरी दुनिया एक परिवार है।

कोरोना ने घर, परिवार, समाज, राष्ट्र और विश्व को प्रभावित किया और सामाजिक संबंधों की परिभाषा ही बदल कर रख दी—

कोरोना से बचने का एक उपाय है
कि एक-दूसरे से न मिलो,
न मतलब रखो
क्योंकि
संक्रमण एक-दूसरे से मिलने-जुलने से होता है,
पर माँ बच्चों से न मिले, न मतलब रखे
बच्चे बाप से न मिलें, न मतलब रखे
और एक सदस्य दूसरे सदस्य से
न मिले, न मतलब रखे
एक परिवार में यह कैसे हो सकता है?

आगे कवि ने तीखी टिप्पणी करते हुए लिखा है—

संक्रमण तो चीन के वुहान में पैदा हुआ
और पूरी दुनिया में फैल गया
क्योंकि पूरी दुनिया एक परिवार है।

कवि की अनुभूति की प्रवणता भरी द्रवित करती त्रास भरी पंक्तियों में मानो कातरता का शब्दचित्र नेत्रों के समक्ष साकार हो उठा है—

इसने कोई पक्षपात नहीं किया
क्या गरीब व्यक्ति,
क्या गरीब देश
इसने गरीबों का खदेड़ा
अमीरों को सताया
तब हमने ये जाना
पूरी दुनिया एक परिवार है।

कविता का मर्म पूरे संवाद में देखा जा सकता है। यह स्थितियाँ किसी भी सचेतन मनुष्य के गहरे संताप का कारण बन सकती है। कवि ने इसी संताप को अपनी कलात्मकता और यथार्थ के साथ विश्व संवाद का स्वरूप दिया है। कवि ने जिस सहज अनुभूतियों को भावपूर्ण कलात्मक अनुभूति के रूप में परिवर्तित होने

की जो प्रक्रिया निर्देशित की है वह इस कविता में साकार हुई है। विश्व की मानव जाति की रक्षार्त कवि पुन: उपनिषदीय वाणी की ओर अपनी अभिव्यक्ति को साकार करने में सफल रहे हैं जहाँ वे अंतिम पंक्तियों में 'आरोग्यं परमं भाग्यं स्वास्थ्यं सर्वार्थ साधनम्' के साथ सर्वे भवन्तु सुखिन: का स्वस्ति संदेश देते हैं। कहना न होगा कि भाषा की कसावट और प्रवाह की लयामकता के साथ भावों की संप्रेषणीयता भरी यह कविता संग्रह की कालजयी रचना कही जा सकती है। किसी वैश्विक सच और त्रासदी को समूचे कालखण्ड का दस्तावेज बनाकर अपनी प्रतिभा के माध्यम से कवि ने साकार किया है। इस त्रासद सामयिक संदर्भ में मुझे 1942 के बंगाल के अकाल के समय महादेवी वर्मा का एक उद्धरण स्मरण आ रहा है जब उन्होंने कहा था कि 'उस दुर्भिक्ष की ज्वाला का स्पर्श करके हमारे कलाकारों की लेखन तूली यदि स्वर्ण न बन सकी तो उसे राख ही हो जाना पड़ेगा'। कहने का अभिप्राय यह है कि समकालीन घटनाओं भावों में अभिव्यक्त होने के लिए यह आवश्यक नहीं कि कोई कवि चाँद, तारे, फूल, प्रेम की ही वाणी में रचना करे सच्चा कवि समकालीन परिवेश की व्याख्या में आदि कवि की कौंच वध की करुणा की वाणी से भी आनंदित होता है। विश्व साहित्य के अन्यतम ग्रंथ इसके साक्ष्य हैं।

समय से साक्षात्कार कराती डॉ. संजय की कविताएँ रचना कर्म की कसौटी पर परंपरा के साथ संघर्ष करती हुई नई राहों की अन्वेषी कविताएँ हैं। अनुभूति की विरलता और कवि की सामाजिक चेतना ने अनुभवाश्रित जीवन दर्शन का सुंदर संदेश दिया है। इन कविताओं के माध्यम से ग्राम्य जीवन की पथरीली जमींन की स्मृतियों के साथ जूझते धातु की तरह पिटते बचपन की यादों का संसार इन कविताओं का अजस्र स्रोत बनकर साकार हुआ है। इस संग्रह में कवि विज्ञान के अध्येता रहे हैं वास्तु विज्ञान और आध्यात्म दोनों का समन्वित संदेश कवि का अभिप्रेत है। भोगे हुए यथार्थ की इन कविताओं में आडंबर विहीन और सहज व्यक्तित्व कविता की भावधारा में घुल-मिल गया है। निरंतर संवेदन शून्य और मशीनी होती जिंदगी में कवि ने आशा के स्वप्न भी सजाऐं हैं। इन कविताओं में कवि की सूक्ष्म दृष्टि, गहन अनुभूति, उदात्त संवेदनशीलता और अभिव्यक्ति की जो ईमानदारी है वह प्रशंसनीय है। कविताओं की सशक्त भाषा भावानुकूल स्वरूप में विषयानुसार अपना परिचय देने वाली है। रचनाकार की संवेदना और चिंतन में अद्‌भुत तालमेल है। जीवन मूल्यों के प्रति प्रतिबद्धता स्पष्ट तौर से प्राय: सभी कविताओं का मूल स्वर बनी है। सशक्त प्रतीकों और बिंबों के माध्यम से सरल सहज शब्दावली में विरचित कविताएँ कवि के अपने और आस-पास फैले संसार की धारदार कविताएँ हैं। संस्कृत के एक समकालीन कवि की पंक्तियाँ मुझे स्मरण आती हैं जहाँ वह लिखते हैं—

स्वार्थ नदी तटे
सर्वे दुःखेन ज्वलन्त नाम
अहं वीणां वादयामि (प्रफुल्ल कुमार मिश्र)

(स्वार्थ रूपी नदी के तट पर सभी लोग दुःख से जल रहे हैं, मैं वीणा बजाता हूँ)

यह तीखी अनुभूति ही युग बोध की संवाहिका है। वीणा बजाने की वेदना में पूरे विश्व की वेदना समाहित है।

युग कर्म शब्द युग रूप शब्द युग सत्य शब्द
शब्दित कर भावी के शत सहस्त्र मूक शब्द
ज्योतित कर जन-मन के जीवन का अंधकार
तुम खोल सको मानव उर के निःशब्द द्वार
वाणी मेरी तुम्हें चाहिए क्या अलंकार?

सुमित्रानंदन पंत की ग्राम्या की कविता की इन पंक्तियों के स्वप्न को सच में परिणत करती डॉ. संजय की कविताएँ काव्य, विज्ञान, साहित्य और अध्यात्म के मर्म को उद्घाटित करने वाली कविताएँ हैं। जहाँ जीवन के संश्लिष्ट अनुभवों को विज्ञान और साहित्य के सुंदर समन्वय के साथ हृदय से संवाद स्थापित करते प्रयास किया है। कीट्स ने शायद इसीलिए कहा था- कविता के विकास में विज्ञान बहुत बड़ी सहायता पहुँचाता है। संग्रह की अंतिम कविता पुनः कवि के व्यक्तित्व की अनुभूति प्रवणता के साथ कविता की परिभाषा में अपनी परिणति ढूँढ़ती है—

और मैं धातु हूँ
कविता ऐसी हो,
जो आत्मा को झकझोर दे
और मन में समा जाये।

सुनने वालों को लगे कविता
उनके ही बारे में लिखी गई है
तभी कविता की सार्थकता है।

पद्म श्री डॉ. बी.के.एस. संजय की यह सारस्वत यात्रा अविराम चलती रहे ऐसी मेरी अशेष कामनाएं हैं। सुंदर कविताओं के माध्यम से युगीन दायित्व के प्रति सजग कवि का शत्-शत् अभिनंदन।

17 अगस्त, 2021

—डॉ. सुधा रानी पांडेय
पूर्व कुलपति, गढ़वाल एवं उत्तराखंड संस्कृत विश्वविद्यालय
एवं
पूर्व सदस्य लोक सेवा आयोग, उत्तराखंड

अनुभव सिद्ध कविताओं का संयोजनः मुखरित हुआ मन

डॉ. भूपेन्द्र कुमार सिंह संजय साहब का नाम मेडिकल साइंस की दुनिया में बड़े सम्मान के साथ लिया जाता है। आप ख्यातनाम ऑर्थोपीडिक सर्जन हैं। गिनीज बुक ऑफ वर्ल्ड रिकार्ड्स तथा लिम्का एवं इंडिया बुक ऑफ रिकार्ड्स में अनेक बार अपना नाम दर्ज करा चुके हैं। आपके रिसर्च पेपर और सर्जरी के कारनामे मेडिकल जर्नल्स में बहुत ऊँचा स्थान रखते हैं। समाजसेवी और साहित्य सेवी के रूप में खासी पहचान रखते हैं। आपकी असाधारण उपलब्धियों और विशिष्ट योग्यताओं को ध्यान में रखते हुए भारत सरकार ने वर्ष 2021 में पद्म श्री अलंकरण से सम्मानित किया है।

डॉ. संजय बचपन से ही साहित्यानुरागी रहे हैं। पुस्तक पढ़ने का शौक आपको कहाँ से कहाँ तक ले आया। यह सर्वविदित सत्य है। मुझे अपने अनुज डॉ. चन्द्र वीर सिंह से यह जानकर अत्यन्त प्रसन्नता हुई कि आप कविताएँ भी लिखते हैं। कुछ कविताएँ आपके श्री मुख से सुनने का सौभाग्य भी मिला है। आपने काव्य-संग्रह को प्रकाशित करवाने और जनमानस को अपनी काव्य प्रतिभा से परिचित कराने का सुन्दर, संदेशपरक और सार्थक कार्य किया है। निस्संदेह आप बधाई और साधुवाद के सुपात्र हैं।

'उपहार संदेश का' काव्य संग्रह अनेक जिज्ञासा, अनुभव, संघर्ष और प्रेरणा का अनुपम कोश है। संग्रह की कविताओं में अनेक सूक्ति कदम-कदम पर मिल जायेंगे। यथा—

- पुस्तकें सबसे अच्छी दोस्त हैं।
- अनुभव से बड़ी कोई पाठशाला नहीं
- मौन भी एक भाषा है।

कविता के लिए ऊबता, ज्ञान, अनुभव और कल्पनाशीलता का होना आवश्यक माना जाता है। डॉ. संजय भी इस बात को अपने ढंग से बयां करते हैं—

कविता क्या है ?

कवि की कल्पना या जीवन का अनुभव

डॉ. संजय जी की भारतीय संस्कृति और संस्कारों में अटूट आस्था है। सामाजिक समरसता के स्थापन में स्नेहयुक्त और मजबूत सम्बन्ध एवं रिश्ते बुनियाद का काम करते हैं। इसी तथ्य को उजागर करते हुए कवि ने क्या खूब लिखा है—

पानी रिसता है तो पानी ठंडा होता है।
रिश्ते रिसते हैं तो रिश्ते ठंडे होते हैं॥

यह भी शाश्वत सत्य है कि आजकल समाज में सगे और खून के रिश्ते भी स्याह पड़ने लगे हैं। मेरा विचार है कि—

हवा ये कैसी चल रही है ?
मिजाज़ ए मौसम बदल रही है।
उड़ा दिये हैं पुराने छप्पर,
मुश्किल से इज्जत संभल रही है।

कविवर डॉ. भूपेन्द्र कुमार सिंह संजय व्यापक दृष्टि वाले साहित्यकार हैं। एक ओर वे अपनी कविताओं में मुखर हैं तो दूसरी ओर वे सम्बन्धों की खामोशी और मौन को भी अभिव्यक्ति देते हुए लिखते हैं—

आपस में बोलचाल बन्द है,
अंतर्द्वन्द्व है, पर घर चल रहा है।
तब लगता है,
मौन की एक भाषा है।

कवि प्रकृति में पूर्णता के दर्शन करते हैं। पूर्णता को जीवन का अन्तिम लक्ष्य मानते हैं। प्रकृति मानव प्रदत्त सभी बुराइयों की रिसाइकलिंग करके अच्छाई में बदल देती है—

ये प्रकृति है
आपकी सभी बुराइयाँ
जो समा लेती अपने आप में।
और बदल देती है आपकी
सभी बुराइयों को अच्छाईयों में।

डॉ. संजय जी का कथ्य या भाव शिल्प बहुत मजबूत है। संग्रह की कविताएँ जीवन के अनुभवों को कविता में बाँधने की कोशिश रही है। अपेक्षा–उपेक्षा इस संग्रह की एक विशिष्ट कविता है। जिसे पाठकों को जरूर पढ़ना चाहिए। सुखी जीवन का मंत्र है—

एक–दूसरे से अपेक्षा न करें
एक–दूसरे की उपेक्षा न करें।

सपने हमारे जीवन में आशा, उमंग और ऊर्जा का संचार करते हैं। सपने हैं तो हम हैं। हम हैं तो सपने हैं। सपने देखने हैं तो कुछ बड़े देखिए। भारत के पूर्व और अभूतपूर्व राष्ट्रपति डॉ. ए.पी.जे. अब्दुल कलाम ने ठीक कहा है—सपने वो जो हमें सोने न दें।

डॉ. संजय जी भी सपनों को जीवन की अनमोल धरोहर मानते हैं—

सपने आपके और हमारे
सपने ही तो सच्चे होते हैं अपने होते हैं।
यदि सपने ही बेच दिये तो
बचेगा ही क्या जीवन में।

कवि की चिर अभिलाषा रही है कि उसके कृतित्व को लोग पढ़ें, सराहें और जीवन मकरंद बनायें। इस बात को क्या खूब ढंग से मेरी अभिलाषा कविता में कहा है—

इस जीवन में ऐसा कर जाऊँ,
औरों के मन में बस जाऊँ॥

डॉ. साहब पहले एक चिकित्सक हैं और बाद में कवि। उनकी कविताओं में सपाटबयानी या अभिधा शब्द शक्ति की प्रधानता है। अलंकरण के लिए अलग से कोई प्रयोग नहीं किया है। जो कविता में स्वत: आया वह उनका हो गया। कविताओं के संदेश और प्रेरणा को देखा जाये। यही श्रेयस्कर रहेगा। इनमें युगबोध है। उद्‌बोधन है। सम्बोधन है। एक बार पढ़ना शुरू किया तो पढ़ते रह जाने का उपक्रम है। मैं नरेन्द्र सिंह 'नीहार' हिन्दी की गूँज परिवार की ओर से इस साहित्यिक अनुष्ठान को पूरा करने पर आदरणीय कवि डॉ. संजय साहब को आत्मीय बधाई देता हूँ और कविता के आंगन में आपका अभिनन्दन करता हूँ। मेरा मानना है कि 'उपहार संदेश का' काव्य संग्रह आपकी अमिट कीर्ति का स्तम्भ साबित होगा। पुन: यशस्वी, मनस्वी और तेजस्वी जीवन की मंगलकामनाएँ।

22 सितम्बर, 2021

—नरेन्द्र सिंह 'नीहार'
शिक्षाविद् एवं साहित्यकार
संयोजक–हिन्दी की गूँज परिवार
नई दिल्ली–110080

जीवन-दर्शन की कविताएँ

कविता क्या है? क्या केवल शब्दों का कौशल, विचारों का आवेग और आनंद की अनुभूति का साधन या उससे अलग भी कुछ है? कविता जीवन को क्या देती है? क्या कविता का काम हंसने-हंसाने, गाने-गुनगुनाने और मन को गुदगुदाने तक का है अथवा इससे अधिक भी कुछ है? अर्थात् कविता किस लिए लिखी जाती है? इन्हीं सब बिन्दुओं पर विचार के लिए प्रेरित करती है डॉ. बी.के.एस. संजय की कविता संग्रह 'उपहार संदेश का' की कविताएँ। संग्रह की पहली कविता ही इस विषय पर केंद्रित है। कवि के शब्दों में—'कविता का काम है/दूसरों की चेतना में पैठ बनाना/दूसरों की मानसिकता को प्रभावित करना/और दूसरों की सोच को रूपांतरित करना/यदि कविता/यह नहीं कर पाई/तो कविता कहां है?' कहने की आवश्यकता नहीं है कि डॉ. संजय की कविताएँ मन को गुदगुदाती नहीं है, मस्तिष्क को मथती हैं।

जीवन काँटों, खटासों और कड़वाहटों से भरा है, लेकिन उन सब के बीच फूलों की सुगंध और मिठास भी है। यही जीवन की प्रेरक शक्ति और आगे बढ़ने का स्रोत है। काँटे और कड़वाहट पैदा करने वाले नीम, बबूल और बेर के बीच पलाश की बुआर कवि को सुखद अनुभूति प्रदान करती है। समाज में जहाँ चारों ओर काँटे और कड़वाहट हैं वहाँ पलाश का होना सुखद है। इसलिए कवि पलाश होना चाहता है। उसके शब्दों में— 'काँटों और कड़वाहट के बीच/पैदा हो गया हूँ पलाश।'

डॉ. बी.के.एस. संजय की कविताएँ जीवन के व्यावहारिक अनुभवों की अभिव्यक्ति हैं। इनमें उनका निजी जीवन भी अभिव्यक्ति पाता है और सामाजिक जीवन भी। ये दोनों अनुभव मिलकर जीवन-दृष्टि का निर्माण करते हैं। कवि ने जीवन को जैसा देखा और अनुभव किया है, वही उनकी कविताओं में अभिव्यक्त हुआ है। दलित, शोषित, वंचित, अशक्त, अबला वर्ग सदैव हिंसा, दमन का शिकार रहा है, किंतु इसी के बीच वह अपनी जिंदगी को एक दिशा और आकार भी देता है। जीवन के इस दग्ध अनुभव को कवि ने बहुत सहजता से अभिव्यक्त किया है—

'वो पीटते रहे/और हम फैलते रहे।' प्रत्येक व्यक्ति को जीवन में अनेक तरह के अनुभव होते हैं, कवि के पास भी विविध प्रकार के अनुभव हैं। महाभारत काल में द्रोणाचार्य द्वारा आदिवासी युवा धनुर्धर एकलव्य से गुरु दक्षिणा में उनके दाएँ हाथ का अँगूठा माँगकर उसे धनुष-बाण चलाने के अयोग्य करने की कुटिलता से आज जागृत समाज अच्छी तरह अवगत है। मन के अंदर वर्ण जातिगत भेदभाव की कलुषता और कुटिलता रखने वाले शिक्षक हमेशा रहे हैं जो दबे-कुचले और निम्न जातियों के शिक्षार्थियों के भविष्य को खराब करने की कुटिलता करते रहे हैं। कवि ऐसे शिक्षकों की पहचान रखता है, तभी वह कहता है—'द्रोणाचार्य पहले भी थे/ द्रोणाचार्य आज भी हैं।'

समाज संबंधों पर टिका है, या कह सकते हैं कि समाज संबंधों का ताना-बाना है। संबंध ही हैं जो हमें एक-दूसरे से जोड़े रखते हैं, हमारे अंदर मानवीय संवेदनाओं का संचार करते हैं। कवि को संबंधों की पहचान है और संबंधों के महत्व की समझ है। तभी वह कहता है—'संबंध सरोकार से बनते/सरोकार बनते हैं।' कवि की रिश्तों में आस्था है, वह रिश्तों को जीना चाहता है और उन्हें अपनाए रखना चाहता है। वह नहीं चाहता कि रिश्ते टूटें, क्योंकि रिश्तों के टूटने पर कुछ नहीं बचता। कवि के शब्दों में-'रिश्ते रिसें धीरे-धीरे/अचानक टूटें नहीं/टूटने पर कुछ नहीं बचता/ना घड़ा बचता है, ना पानी, ना घर, ना रिश्ता।'

डॉ. संजय की ये कविताएँ जीवन-दर्शन की कविताएँ हैं इन कविताओं में अच्छे मनुष्य, अच्छे समाज और अच्छी दुनिया की कामना है। व्यक्ति क्या सोचता है? कैसे व्यवहार करता है? उसकी करनी और कथनी में कितना साम्य या अंतर है? तथा व्यक्ति और समाज को कैसा होना चाहिए, इन कविताओं में किसी न किसी रूप में इन सबके बारे में चिंतन दिखायी देता है। जीवन के बारे में कवि की अपनी अवधारणा है जिसके अनुसार, 'जीवन क्या है/एक नई रचना/बीती पीढ़ी का सहवास/और भावी पीढ़ी का सहयोग/बच्चे हमारी/एक छोटी प्रतिलिपि ही नहीं/ बल्कि/वह हैं एक पूरी नयी रचना/जिसमें छपा है हमारा भूत/छिपा है उनका भविष्य/ पुराना भूगोल/नया इतिहास।'

इन कविताओं की विशेषता यह है कि संवेदना जागृत या पैदा करने के साथ-साथ विचारों का प्रस्फुटन भी करती हैं। इन कविताओं में जीवन के विविध रूप और रंग देखने को मिलते हैं। कहीं शिक्षक, कहीं मनोवैज्ञानिक, कहीं समाजविज्ञानी और कहीं आध्यात्मिक पुरूष बोलता दिखायी देता है। शिक्षक सीखने पर बल देता है और सीखने के तरीके बताता है कि 'सीखने के तीन तरीके हैं—देख के, सुन के और कर के।' लेकिन सबसे ऊपर वह पुस्तकों का दोस्त और पुस्तक प्रेमी है। उसकी धारणा

है कि 'व्यक्तियों की तुलना में पुस्तकें सबसे अच्छी दोस्त होती हैं।' समाजविज्ञानी भूख का विश्लेषण करता है। भूख क्या होती है, क्यों होती है? इस पर विचार करता है। भूख केवल रोटी की नहीं होती, कई अन्य प्रकार की भी होती है। इसलिए वह भूख–कौन सी? पेट की, पेट से नीचे की या पेट से ऊपर की? यह सवाल करते हुए उस पर गहनता से विचार करता है। कवि का कोमल और संवेदनशील मन कन्या भ्रूण हत्या से मर्माहत है तो लड़कियों के साथ होने वाले बलात्कार और हिंसा से क्षुब्ध है। ये लड़कियों के साथ होने वाली घटनाएँ 'बेटी बचाओ, बेटी पढ़ाओ' के नारे को नकारती और उसका उपहास करती प्रतीत होती हैं।

डॉ. संजय विख्यात चिकित्सक हैं, जो रोगियों को शल्य–चिकित्सा कर उसका उपचार करते हैं। निराशाओं को आशा में बदलने का उनका दीर्घ अनुभव है। उनकी कविताएँ नैराशय को मिटाकर आशा का संचार करती हैं तथा मनुष्य और समाज को स्वस्थ, संवेदनशील और सकारात्मक बनाने के उत्स से भरी हैं। कवि के अंदर अनुभूतियों का स्रोत सा बहता है, जो इन कविताओं में सहज अनुभव किया जा सकता है। यथार्थ सहज अभिव्यक्त होता है, उसे बिंब, प्रतीक अथवा उपमाओं की जरूरत नहीं होती। इसलिए कवि को अपनी बात कहने के लिए इस तरह का कोई सहारा लेने की आवश्यकता नहीं पड़ती। वैचारिकता से पुष्ट ये कविताएँ जीवन को देखने और जीने का नया दृष्टिकोण देती हैं।

सार्थक, संदेशपरक कविताओं के सृजन और इस पुस्तक के प्रकाशन के लिए मैं डॉ. संजय को हार्दिक बधाई देता हूँ और विश्वास करता हूँ कि साहित्य जगत में इन कविताओं का भव्य स्वागत किया जाएगा।

1 अक्तूबर, 2021

—डॉ. जयप्रकाश 'कर्दम'

पूर्व निदेशक,
केंद्रीय हिंदी प्रशिक्षण संस्थान,
(भारत सरकार) नई दिल्ली,

अनुक्रम

कविता क्या है?

कविता क्या है?
कवि की कल्पना या जीवन का अनुभव
इसी कल्पना और अनुभव को
व्यक्त करना ही तो कविता है।

और अच्छी कविता क्या है?
जो कवि और श्रोताओं के मन में भा जाये
कवि को बार-बार कहने का मन करे
और श्रोता का बार-बार सुनने का।

अच्छी कविता की सार्थकता कब है?
अच्छी कविता की सार्थकता
केवल घर में पढ़ने से नहीं
स्कूलों में पढ़ाने से है।

कविता का काम क्या है?
दूसरों की चेतना में पैठ बनाना
दूसरों की मानसिकता को प्रभावित करना
और दूसरों की सोच को रूपांतरित करना।

यदि कविता
यह नहीं कर पाई
तो कविता कहाँ है?
बल्कि एक निरर्थक रचना है।

5 मार्च, 2021

नमस्कार

नमस्कार

मेरे एक परम् मित्र ने मुझसे पूछा,
हर किसी से
नमस्कार क्यों करते हो?

उत्तर देने से पहले
मैंने भी उनसे पूछा
फिर भाई यह बताओ
अंजान लोगों से
संवाद कैसे करें?
अंजान लोगों को अपना कैसे बनाये?
क्या कोई है आसान, सरल, सस्ता, रास्ता?

इस बात का गणित न लगाओ
इस बात पर झगड़ा भी मत करो
कि
नमस्कार से क्या मिलेगा, कितना मिलेगा?
पर यह जरूर है
कि कुछ भी नहीं घटेगा
पर बदले में मिलेगा
पद, प्रतिष्ठा, प्रशंसा, पैसा, प्यार, प्रोत्साहन, पुरस्कार
नमस्कार!

12 सितम्बर 2021

फैलाव

गांव में पैदा हुआ,
वहीं पर पला-बढ़ा
बचपन से
हर दिन
मैंने

सोना
चाँदी
ताँबा
पीतल
लोहा

हर धातु को
भट्टी में जलते हुए देखा
पिटते हुए देखा
पिटने के बाद फैलकर
उसकी पतली चद्दर
होते हुए देखा

मैंने
केवल देखा ही नहीं
जीवन भर भोगा भी है
और जो भोगा है
उसी को रचा है

जीवन भर हम जलते रहे,
वह पीटते रहे
और धातु की तरह हम पिटते रहे
कभी इच्छा से
कभी अनिच्छा से

हम चद्दर बनते रहे
और इस चद्दर बनने की प्रक्रिया में
कुछ लोग हमें सँभालते रहे
और हम फैलते रहे

और यही फैलाव
आज हमें यहाँ ले आया है
जो सब आप यहाँ देख रहे हैं
यह सब इसी फैलाव का परिणाम है

मैं कृतज्ञ हूँ
उन सब लोगों का
जिन्होंने
मुझे सँभाला

और
उन सब लोगों का भी
जिन्होंने
मुझे पीटा

कृतज्ञ हूँ
कि
वह पीटते रहे
और हम फैलते रहे।

7 जुलाई 2016

मैं धातु हूँ

कविता ऐसी हो,
जो आत्मा को झकझोर दे
और मन में समा जाये।

सुनने वालों को लगे कविता
उनके ही बारे में लिखी गई है
तभी कविता की सार्थकता है।

मैंने एक कविता
लिखी और उसको दो बार ही सम्मान समारोहों में
पढ़ने का मौका मिला
जिसका शीर्षक है 'फैलाव'

यह कविता
कल्पना नहीं
वास्तविकता है।

कविता की कुछ पंक्तियाँ इस तरह हैं,
''जीवन भर वह पीटते रहे
और धातु की तरह हम पिटते रहे

मैं
कृतज्ञ हूँ
उन सब लोगों का
जिन्होंने मुझे सँभाला''

एक सम्मान समारोह में कुछ सुनने वालों को तो
यह लगा कि
यह उनकी कविता है
उनके ही बारे में लिखी गई है
जिससे, इसको आयोजक
यूट्यूब पर अपलोड कर देते हैं

लेकिन दूसरे सम्मान समारोह में कुछ सुनने वाले
बौखला जाते हैं
धमकी भरी सलाह देते हैं
कि यह कविता फिर औरों को ना सुनाना
सुनाया तो परिणाम भुगतने पड़ेंगे

क्योंकि कहते हैं सच कड़वा होता है
पर साहित्य समाज का दर्पण है
यह कविता इतनी सच है कि
सुनकर, सुनने वाले लोग
महसूस करते हैं यह कविता
खास उनके ही बारे में लिखी गई है

क्योंकि
कविता की अन्तिम पक्तियाँ इस तरह है,
'और उन सब लोगों का
जिन्होंने मुझे पीटा

कृतज्ञ हूँ
कि
वह पीटते रहे
और हम फैलते रहे'

पीटना उनका गुण है
और फैलना हमारा
क्योंकि पिटकर फैलना
धातु की प्रकृति है
और मैं धातु हूँ।

7 जुलाई 2016

पुस्तकें

लगता है
रामदरश मिश्र का कवि
मेरी अंत:चेतना में बिहरते हुए
आवाज देता है

मेरे कमरे में अलमारियाँ हैं
जिसमें देश-विदेश की पुस्तकें पंक्तिबद्ध खड़ी हैं
अलमारी के पास ही मेरा बिस्तर है
उस पर लेटकर पुस्तकों को निहारा करता हूँ

मन होता है तो किसी को निकालकर
कुछ देर उसके साथ हो लेता हूँ
मैं इन सब से गुजर चुका हूँ
वे मुझसे गुजर चुकी हैं

लगता है खामोशी में भी वे परस्पर बात करती हैं
आती-जाती हैं एक-दूसरे में
जब कोई मेरे पास नहीं होता
तो लगता है वे मेरे और नजदीक आ गई हैं

और कहती हैं
हम तुम एकागर हो गए हैं
शब्द और अर्थ की तरह
कभी तुम मेरे पृष्ठ हो
कभी मैं

मैं तो उस धरती में पैदा हुआ
जहाँ पर, काँटे और कड़वाहट
पैदा करने वाले नीम, बबूल और बेर की भरमार थी
लेकिन कहीं दूर पर पलाश की भी बुआर थी

इन काँटों और कड़वाहट के बीच
पैदा हो गया हूँ पलाश
जिसे विद्धानों ने नाम दिया है जंगल की आग
लेकिन समय आने पर बुझ जाती हैं बड़ी-बड़ी आगें

अब जीवन थोड़ा है, बताने को ज्यादा है
सच कहूँ, तो पुस्तकों से प्रेम मेरा पुराना है
या यों कहिए कि कोई प्रेम करने वाला नहीं था
तो पुस्तकों से प्रेम कर लिया

मुझे यह पता नहीं कि पुस्तकों से
प्रेम कैसे हो गया?
लेकिन इस बात का पछतावा नहीं
कि पुस्तकों से प्रेम हो गया!

वैसे तो मैं ज्यादा समय व्यस्त रहता हूँ
लेकिन जब कोई दोस्त नहीं मिलता
तो अपने पुराने दोस्तों को खोजता हूँ
और उन्हीं से संवाद करता हूँ

मुझे लगता है
कि पुस्तकें मेरी
सबसे अच्छी दोस्त हैं
समय मिलने पर, वो मुझे बुलाती हैं

उनमें से एक कहती है,
दोस्त
सीखने के तीन ही तरीके हैं
देख के, सुन के, और कर के.

आओ दोस्त
पास बैठो, मुझसे कुछ बातें करो
मैं वो बातें करूंगी
जो तुमने सुनी नहीं होंगी पहले

मैं कहती हूँ
मेरी बातों को मानोगे
तो जीवन अच्छा गुजरेगा
क्योंकि जीवन एक अनुभव है

वह अनुभव तुम्हें नहीं है, मुझे है
यह अनुभव, मैंने अपने जीवन में सीखा है
मैं तुम्हारी शुभ चिंतक हूँ
सोचती हूँ, अपने अनुभव को तुमसे बाँटू

जिससे शायद मेरे लिखने वाले का
जीवन तो नहीं सँवरा
लेकिन तुम्हारा सँवर जाये
यही मेरी इच्छा है

सच तो यह है कि
मैंने अपने जीवन में
व्यक्तियों से कम
पुस्तकों से ज्यादा सीखा है

पहले मुझे केवल लगता ही था
कि पुस्तकें
मेरी
सबसे अच्छी दोस्त हैं

पर आज मैं अपने अनुभव से
आपसे निश्चित तौर पर यही कहूँगा
कि व्यक्तियों की तुलना में
पुस्तकें सबसे अच्छी दोस्त हैं।

दोस्तों से प्रेम करो
पुस्तकों से प्रेम करो
तुम्हारी शुभ चिंतक
पुस्तकें।

23 अप्रैल 2018

भूख

आखिर हर आदमी के लिए
एक ही बात महत्वपूर्ण है
वह है
भूख

भूख, चाहे वह किसी भी प्रकार की क्यों ना हो
यह सुख देने वाली पीड़ा है
और हम सब लोग
ना चाहते हुए भी इसे चाहते हैं

पेट की भूख तो, कुछ भी नहीं,
खतरनाक होती है
पेट के नीचे की भूख
या फिर पेट के ऊपर की

यह भूख ही तो थी
जिसने तुलसी और कबीर
को महान कवि बना दिया
और इसी भूख ने रावण व कुरु वंश का नाश कर दिया

जैसे कि अच्छे स्वास्थ्य के लिए,
डॉक्टर बताते हैं
पोषक भोजन करें, उचित मात्रा में करें,
उचित समय पर करें, यानि की भूख लगने पर ही करें

यह सिद्धान्त
पेट की भूख के लिए
तो कुछ हद तक संभव है
क्योंकि यह सीमित है

लेकिन पेट के नीचे की एवं पेट के ऊपर की भूख
के लिए नहीं
क्योंकि यह भूखें असीमित है
खासतौर से पेट के ऊपर की भूख

भूख
तन की हो या मन की
उत्तम स्वास्थ्य के लिए
जितनी जल्दी हो, इसे मिटाना चाहिए

अब यक्ष प्रश्न यह है कि किस क्रम से मिटायें?
पेट की भूख
पेट के ऊपर की भूख
या फिर पेट के नीचे की भूख

यदि विज्ञान की बात करें, तो किसी भी चीज का
केन्द्र ही सबसे शक्तिशाली होता है जैसे कि पेट
और यदि ज्ञान की बात करें तो
क्या अन्न के अभाव में प्राण, मन, ज्ञान आदि संभव है?

नहीं
शास्त्रों में ऋषि भृगु ने कहा है
अन्नं वै प्राणाः अर्थात अन्न ही प्राण है
या यों कहिये, पेट से ही प्राण है

नीचे वाली चीज को, नीचे ही छोड़ दें
क्योंकि पेट की नीचे की भूख को तो

प्रकृति अपने प्रभाव से कुछ समय के बाद
यदि मिटा नहीं देती तो, कम तो कर ही देती है

क्योंकि शायद प्रकृति ने ही
इसे नीचा रखना चाहा हो
और हम प्रकृति से बैर ना लें
क्योंकि

प्रकृति ही सबसे महान है
अल्लाह हु अकबर
गॉड इज ग्रेट
ईश्वर के आगे किसी की नहीं चलती

और फिर केन्द्र से ऊपर भी तो
एक शक्ति होती है
जो नीचे की भूखों को
नियंत्रित करती है

यदि हम वैज्ञानिक सिद्धान्त की बात करें
तो भूख क्या है?
किसी चीज का इन्टेक
लेकिन जब इन्टेक होगा तो आउटपुट तो होगा ही

आउटपुट का मतलब है
उत्सर्जन
जीवन में उत्सर्जन भी महत्वपूर्ण है
और उत्सर्जन के परिणाम देखे तो

पेट की भूख का उत्सर्जन
जानवरों के लिए
पेट की नीचे की भूख का
कुछ व्यक्तियों के लिए

और पेट के ऊपर की भूख का उत्सर्जन
महत्वपूर्ण होता है कई पीढ़ियों के लिए
जैसे कबीर, तुलसी, कालिदास आदि का
उत्सर्जन

अंत में, यह निर्णय आप पर छोड़ता हूँ कि
आपके लिए कौन सी भूख कितनी महत्वपूर्ण है?
जीवन के रण में, निर्णय ही कर्म है
अर्थात जैसा करोगे, वैसा फलोगे

आपके
उज्जवल भविष्य
के लिए
हमारी शुभकामनाएँ।

30 मार्च 2017

सम्बन्ध

सम्बन्ध, लोगों के विचारों का मिलन है
और बंधन है विचारों का विरोध

सम्बन्ध आत्मीयता की भूख है
तो बन्धन व्यावसायकिता की मजबूरी

यदि
आस्था, निष्ठा, सम्बन्धों के टिकने की मूल है

तो
शंका, संशय, सम्बन्ध विच्छेद की

सम्बन्ध और संशय
नदी के दो विपरीत किनारे हैं
जो आपस में
कभी नहीं मिलते

सम्बन्ध में संशय का आगमन अशुभ संकेत है
अर्थात सम्बन्धों का पलायन निश्चित है

बन्धन एकांगी है
बन्धन सजा है, बन्धन तड़पन है

सम्बन्ध सम्भोगी है,
सम्बन्ध श्रद्धा है, सम्बन्ध समर्पण है

जब कोई बन्धन टूटता है
आत्मिक प्रसन्नता देता है

जब कोई सम्बन्ध टूटता है
असहाय पीड़ा देता है

सम्बन्धों का सम्बन्ध
संवाद से है,
संवाद का सम्बन्ध
दिलों से है दूरियों से नहीं

एक तरफ दूरी तो इतनी
कि सात समन्दर पार हैं
पर फिर भी
आपसी सम्बन्ध है

दूसरी तरफ नजदीकी तो इतनी
कि एक छत के नीचे रहते हैं
पर आपसी
सम्बन्ध नहीं

सम्बन्ध सरोकार से बनते,
और सरोकार बनते हैं
आपस में
खाने-खिलाने, पूछने-बताने, लेने-देने से

जब ये नहीं होंगे, तो सरोकार कैसे?
और सरोकार नहीं, तो फिर सम्बन्ध कैसे?

12 अक्टूबर 2018

जिंदगी

जिंदगी तो चन्द्रमा की
कलाओं की तरह होती है,
जिसमें, कभी कृष्ण पक्ष
तो कभी शुक्ल पक्ष होता है।

चन्द्रमा में निश्चित अंतराल के बाद
एक पक्ष घटता है
तो दूसरा बढ़ता है
पर जिंदगी में ऐसा नहीं होता है।

जिंदगी में भी
सुख-दुःख की कलाएं तो होती हैं
पर कौन कितनी होगी
यह किसी को भी पता नहीं होती हैं।

कुछ के लिए तो हर दिन
पूरणमासी
पर कुछ के लिए, पूरी जिंदगी
अमावस्या की रात होती है।

3 जुलाई 2019

प्रश्न

जो कुछ पाया, जाना पहचाना है, अपना है
और जो कुछ खोया, क्या वह पराया है?

क, ख, ग अपनी वर्णमाला के अक्षर हैं
मारने वाले 'क' तो कहते हैं,
दूसरी जाति वाले 'ख' को मारा

देखने–सुनने वाले तो यह भी कहते हैं,
अपने देश वाले 'ग' को मारा

गणित का सिद्धांत है, यदि क बराबर ग है
और ख बराबर ग है तो क बराबर ख है

अब बताइऐ, प्रश्न यह है
कि पराये को मारा
या अपने को मारा?

12 सितम्बर 2021

कोख से कब्र तक

माँ,
अन्य प्रजातियों की तरह
मानव प्रजाति को आगे बढ़ाना
तेरा धर्म है

माँ, संतान देना
तेरा कर्म है
फिर बेटा हो या बेटी
इसमें तेरा क्या दोष है?

यदि पुरुष को
पता चल जाता
कि कन्या के जन्म का कारण
उसके अण्ड कोष हैं।

तो क्या वह कन्या भ्रूण हत्या की तरह
अपने अण्ड कोषों की हत्या करता?
और क्या कहता कि
न रहेगा बांस, न बजेगी बांसुरी?

अब यक्ष प्रश्न यह है कि
यदि आपकी तरह
किसी और के भी बेटी नहीं होगी
तो अपने लाडले बेटे के लिए

बहू
कहाँ से लाओगे?
कृपया,
क्या आप बताओगे?

उत्तर की
प्रतीक्षा में
कन्या भ्रूण हत्या की
एक पीड़िता

23 सितम्बर 2020

आदमी

यों तो हवा और पानी
प्राकृतिक हैं
पर इनके
कितने साधारण,
और कितने मानवीय नियम हैं

न कोई छल,
न कोई प्रपंच
जिसके साथ बसता है
उसी का आकार और
आयाम ले लेता है
उसी का हो जाता है

और एक मानव
कितना विचित्र प्राणी है
कहने को तो
सामाजिक है

पर इसके कितने जटिल
और दानवीय नियम हैं?
साम, दाम, दण्ड, भेद
का ज्ञानी है

जो हमेशा
अपना
आकार और आयाम
दूसरों पर थोपने का आदी है।

30 दिसम्बर 2018

नये रिश्ते

रिश्ते, तो बनते ही
रिसने शुरू हो जाते हैं

नये घर में, नये रिश्तों का
रिसना ऐसे ही होता है
जैसे नये घड़े से
पानी का रिसना

पानी रिसता है
तो पानी ठंडा होता है
रिश्ते, रिसते हैं तो
रिश्ते ठंडे होते हैं
पानी की तरह

रिश्ते ठंडे अच्छे होते हैं
ठंडे पानी की तरह

पानी गर्म होने पर भाप देता है
रिश्ते गर्म होने पर आग देते हैं
जो जला देती है
आपस के रिश्तों को
जैसे आग को बुझाना मुश्किल होता है
वैसे ही रिश्तों को बचाना मुश्किल होता है

रिश्ते रिसे, पर धीरे-धीरे
जैसे घड़े से पानी रिसता है
लेकिन रिश्ते अचानक
टूटे नहीं
घड़े की तरह
टूटने पर
ना घड़ा बचता है,
ना पानी, ना घर, ना रिश्ता

घरों से रिश्ते बह जाते हैं
पानी की तरह
जिन्हें बटोरना, बचाना मुश्किल होता है
पानी की तरह

रिश्तों को बनाना मुश्किल है
रिश्तों को निभाना मुश्किल है।

18 अप्रैल 2018

कलाकार

कवि, लेखक, कलाकार
को उसके शरीर
या उसके चेहरे से
ना जानो, ना ढूंढ़ों

ढूंढ़ना ही है तो उसे
उसके शब्दों, संगीत, रचनाओं
कलाओं, कलाकृतियों
में ढूंढ़ो।

24 सितम्बर 2020

भूल

कुछ लोग तो अपने
भूत और भविष्य से
इतने जुड़े होते हैं कि
भूल जाते हैं

वर्तमान से ही भूत है
वर्तमान से ही भविष्य
वर्तमान ही जीवन है।

25 सितम्बर 2020

अचानक कुछ नहीं होता

अचानक कुछ नहीं होता
न दिन, न रात
न जन्म, न मृत्यु
न विकास, न विनाश
जो कुछ होता है, नियोजित होता है

लोग कहते हैं
सड़क दुर्घटनाऐं
अचानक होती हैं
नहीं, ऐसा नहीं,

यह तो होती हैं
जब हम जान बूझ कर
सुरक्षा के नियमों से
खिलवाड़ करते हैं

न ही कोई समस्या
अचानक आती है
न ही कोई समाधान,
अचानक निकलता है

पहले
वाद-विवाद होता है

फिर संवाद और
समाधान होता है,

यदि कुछ अचानक
होता है
तो वह
विचारधारा में बदलाव
होता है।

27 सितम्बर 2020

गुरु की महिमा

गुरु की महिमा का अंदाज आप इस
संत कबीर के दोहे से लगा सकते हैं।

गुरु गोविन्द दोऊ खड़े।
काके लागूं पाँव।
बलिहारी गुरु आपनो
जिन गोविन्द दियो बताय

द्रोणाचार्य
जैसे महान गुरु की प्रतिभा तो
अर्जुन
बना ही देती है

लेकिन उसकी प्रतिमा भी
पैदा कर देती है
एकलव्य,
यह है गुरु के ज्ञान का प्रभाव

पर गुरु दक्षिणा में एकलव्य का अँगूठा लेना
घृणा की निशानी है
द्रोणाचार्य पहले भी थे
द्रोणाचार्य आज भी है

पर आज देश को,
राज गुरु द्रोणाचार्य जैसे गुरु की नहीं
जिन्होंने जानबूझ कर कर्ण और एकलव्य को
सिखाने से मना कर दिया।

बल्कि आदि गुरु वाल्मीकि
जैसे गुरु की जरूरत है
जिन्होंने अजनबी त्यागी माँ सीता
के बच्चों को भी सिखा दिया।

या फिर महर्षि गौतम जैसे
गुरुओं की आवश्यकता है
जिन्होंने जबाला के अज्ञात कुल के पुत्र को
सत्यकाम नाम दिया

ऐसा नहीं है कि
अच्छे गुरु पहले ही थे,
अच्छे गुरु आज भी हैं
सुपर 30 के संस्थापक
आनंद कुमार एक उदाहरण हैं

जिन्होंने शोषितों, वंचितों, गरीबों के
बच्चों की प्रतिभा को न केवल खोजा
बल्कि उनको मान दिया
ज्ञान दिया।

5 अक्टूबर 2019

पूँछ

हर काम अकेले नहीं होता
जन्म अकेले नहीं होता
मृत्यु ही अकेले होती है।

विकास अकेले नहीं होता
विनाश अकेले ही होता है

रावण की लंका तो बड़ी फौज ने बनायी थी
पर आग एक हनुमान की
अकेली पूँछ ने लगायी थी।

12 सितम्बर 2021

शान-मान

यह ध्यान दिया कि
दूसरे क्या कहेंगे?
यह कभी नहीं कि
अपने क्या कहेंगे?

सफलता इतनी पाई
कि दुनिया के
कुछ लोगों में
शुमार हो गया

लेकिन असफलता इतनी कि
परिवार के
कुछ लोगों की
गिनती में ना आ पाया

इस शान-मान की
जिन्दगी जीने में
अपनों को गँवा दिया
सपनों को गँवा दिया

और अपने ही जाल में
फँस कर
घुट-घुट कर जीने को
मजबूर हो गया

यदि सच्चे और अच्छे
जीवन जीने के ज्ञान
और जीने की कला
का है अभाव

तब सब ज्ञान और
कला है बेकार
अन्ततः
जीवन है बेकार

घरों को चलाने में
धन और व्यवहार का बहुत बड़ा महत्व है
धन की तो तंगी हो सकती है
पर व्यवहार की कैसे?

घरों में है क्रियाओं
और
प्रतिक्रियाओं
का खेल है

शुरू में खेल को
लेते तो हैं खेल
लेकिन खेल के अन्त को
नहीं पाते झेल

खेल स्वाभाविक है
और हर खेल की शुरूआत
संघर्ष से होती है
पर अंत समझौते से

घरों के खेल हों
साझेदारी के, भागीदारी के
जिसमें ना हार हो, ना जीत हो
पर हो सामंजस्य और समझौता

जैसा कि
हम सब ने किया है
सूरज से, धरती से,
हवा से और पानी से।

2 अगस्त 2017

मेरी तो ये अभिलाषा

मेरी तो ये अभिलाषा
हर दिन
अपनों के संग
जूठन खाऊँ,

और मेरी ये भी अभिलाषा
इस जीवन में कुछ
ऐसा कर जाऊँ
औरों के मन में बस जाऊँ,

न केवल
कल–परसों तक
पर
बरसों तक

और मेरी यह भी अभिलाषा
एक दिन
जीवन के अंतिम पड़ाव में
अपने पैर चिता पर जाऊँ

भाग्यशाली हैं वही
और खुश भी हैं वही
जिन्होंने जो चाहा
सो पाया

पर सच तो यह है
सबको
सबकी अभिलाषा तो है
कि सब कुछ मिले

पर सबको
सब कुछ नहीं मिलता
मुझे भी बहुत कुछ मिला
पर सब कुछ नहीं

मुझे ही नहीं
किसी को भी नहीं
गौतम बुद्ध
को भी नहीं,

इसीलिए,
संतोषं परम् सुखम्
अर्थात्,
संतोष में ही परम् सुख है।

7 मार्च 2018

उपहार एक संदेश का

लेना-देना, खाना-खिलाना,
पूछना-बताना प्रेम के लक्षण होते हैं
उपहार देना उनमें से एक है
जिसका पूरी दुनिया में प्रचलन है

लोग तो उपहार
कुछ खास लोगों को उधार लेकर भी देते हैं
नापते-तोलते हैं
और असमंजस में बंधे रहते हैं
कि लेने वाला खुश भी होगा
या नहीं

कुछ लोग तो खानापूर्ति करते हैं
न उन्हें मतलब है कि लेने वाले को
अच्छा लगेगा या बुरा
बस केवल उपहार देते हैं

मुझे भी जन्म दिन में
एक उपहार मिला
उपहार ऐसा मिला
जिसके देने में न उधार था न बचत
और न थी गपड़चौथ
खर्चा था तो कुछ समय का
और रोजमर्रे की स्कूल में प्रयोग
होने वाली चीजों का

कुछ बना था
कुछ लिखा था
जैसा समझ में आया, बनाया
जो समझ में आया, लिखा

मैं हैरान हूँ कि छोटे से बच्चों को
कैसे समझ में आ गया और लिख दिया
कि दादा कीप स्माइलिंग
जिसका मतलब हम सब लोग
अब तक नहीं समझ पाए

पर वो समझ गए कि स्माइलिंग
न केवल दादा के
मूड को अच्छा बनाती है
बल्कि दादा को उनके साथ
खेलने लायक बनाती है

क्या अनोखा उपहार पाया
दादा, कीप स्माइलिंग
थैंक यू, बेटा, गॉड ब्लैश यू
यू टू, कीप स्माइलिंग।

24 सितम्बर 2020

अनुभव

अनुभव से बड़ी कोई पाठशाला नहीं जो पेट भर दे
उससे बड़ी कोई पाकशाला नहीं

जो मन को मस्त कर दे
उससे बड़ी कोई मधुशाला नहीं

और जो तन और मन दोनों को मस्त कर दे
उससे बड़ी कोई कार्यशाला नहीं

कार्यशाला ही है सबसे बड़ी और सबसे सही
अनुभव से बड़ी कोई पाठशाला नहीं।

24 दिसम्बर 2018

खरपतवार

मुझे मारना इतना आसान नहीं
जितना समझते हैं मेरे शत्रु
मैं तो खरपतवार हूँ

जिसको जितना भी काटो-छाँटो
पर काटने वाले को लगता है
मेरा अस्तित्व खत्म हो गया है
खासतौर से विषम परिस्थितियों में

लेकिन ऐसा नहीं है
अस्तित्व छिप जाता है
थोड़े समय के लिये
उचित मौसम आते ही
हवा-पानी मिलते ही
फिर मुझमें निकल आती हैं
नई कोपलें
मैं तो खरपतवार हूँ

मैं फिर खड़ा हो जाता हूँ, जूझने के लिए
पहले की तरह
मैं तो खरपतवार हूँ

नये विचारों की तरह
मुझे मारना इतना आसान नहीं
जितना समझते हैं मेरे शत्रु
मैं तो खरपतवार हूँ।

18 मार्च 2021

मौन भी एक भाषा है

प्रियतमा से कहता हूँ
चलोगी
शर्माती है
बोलती नहीं
पर चल देती है
तब लगता है
मौन भी एक भाषा है।

बलात्कार हो रहा है
पीड़िता चीख रही है
सब कुछ सुन रहे हैं
सब कुछ देख रहे हैं
पर कह कुछ नहीं रहे हैं
तब लगता है
मौन भी एक भाषा है।

आपस में
कई सालों से
बोलचाल बंद है
अंतर्द्वंद है
पर घर चल रहा है
तब लगता है
मौन भी एक भाषा है।

भाषा क्या है?
शब्दकोश में,
विचारों की अभिव्यक्ति या
भावनाओं का प्रदर्शन ही
भाषा की परिभाषा है
और भाषा शाब्दिक हो या मूक
भाषा, भाषा है।

भाषा, संवाद का माध्यम है
पूरे जीवन यात्रा का साधन है,
परस्पर जीने का आधार है
भाषा, यदि विकास एवं सम्मान का साधन है
तो विनाश एवं अपमान का भी
भाषा ही हम सब के
भविष्य की रचयिता है।

क्योंकि,
भाषा कारक है, हर घटना की
महाभारत के वर्णन में
यज्ञसेनी कृष्णा के
कर्कश शब्दों में
अंधे का पुत्र अंधा,
कहना भी भाषा है।

और
कृष्ण के
मूक सुदर्शन चक्र
से सूरज को
ढ़कना भी भाषा है
तब लगता है
मौन भी एक भाषा है।

महाभारत के युद्ध में
कृष्णा की शाब्दिक भाषा
महाभारत की नींव है
तो कृष्ण की मूक भाषा
महाभारत का अंत
तब लगता है
मौन भी एक भाषा है।

हाँ,
पर, मौन
कभी, भाव की स्वीकृति है
तो
कभी, भाव की अस्वीकृति
पर, मौन भी एक भाषा है
हाँ, मौन भी एक भाषा है।

29 अप्रैल 2018

हँसी

हँसी हल्की होती है
क्योंकि हँसी हवा होती है
दर्द भारी होता है
क्योंकि दर्द पत्थर होता है

मन का दर्द
जितना भारी होता है
तन का
उतना नहीं

जबकि
मन हल्का होता है
तन
भारी होता है

हवा को फूँकना
जितना आसान है
पत्थर को तोड़ना
उतना ही मुश्किल

हँसी उड़ाना
जितना आसान है
बोझ ढ़ोना
उतना ही मुश्किल

क्योंकि हँसी हवा होती है
हँसी हल्की होती है
क्योंकि दर्द पत्थर होता है
दर्द भारी होता है

हँसी हवा होती है
हँसी खेल होती है
दर्द पत्थर होता है
दर्द बोझ होता है।

16 मई 2018

युद्ध

युद्ध का अंतिम परिणाम
हार और जीत नहीं
सही मायने में
युद्ध का अंतिम परिणाम
समझौता है।

समझौता युद्ध के पहले हो
या फिर युद्ध के बाद

हार–जीत किसी भी पक्ष की क्यों ना हो
पर समझौता दोनों को करना पड़ता है
समझौता युद्ध लड़ने का परिणाम है।

युद्ध के पहले के समझौते
बुद्धिमानों के काम हैं
जैसा कृष्ण का प्रस्ताव
युद्ध के बाद के समझौते
बुद्धिहीनों के काम हैं
जैसे कौरवों का विनाश
समझौता युद्ध से बचने के उपाय है।

28 अप्रैल 2020

काम और स्वास्थ्य

स्वस्थ रहना सबसे बड़ा सुख है
कहावत भी है
पहला सुख, निरोगी काया
जान है, तो जहान है

एक अरबी कहावत है
यदि स्वास्थ्य है, तो आशा है
यदि आशा है, तो सब कुछ है

महान मानसविज्ञानी
एरिक फ्रॉम ने सिद्ध किया है
ऊब और विनाश का एवं
काम और विकास का सीधा संबंध है

सोलहवीं शताब्दी के भारतीय संत
समर्थ रामदास ने कहा है
परिश्रम करना मत छोड़ो
लगातार प्रसन्नतापूर्वक काम करो

काम तीन बुराईयों का नाश करता है
ऊब, दुर्गुण और निर्धनता
काम हमारा सबसे बड़ा गुरु है
काम, शोक का वास्तविक विषहर है

बुद्धिमान मनुष्य की इच्छा हो
वो काम करते-करते मरे
मेरी तो ये अभिलाषा,
अपने पैर चिता पर जाऊँ

मनुष्य सामाजिक प्राणी है
सभी प्राणियों की तरह
किसी न किसी ढ़ग से
दूसरों से जुड़ना चाहता है
भारतीयों के लिए जुड़नें का साधन है धर्म
जापानियों के लिए कर्म

जापानी लोग शरीर से ही नहीं
आत्मा से भी काम से जुड़ें हैं
और काम से ही नहीं बल्कि उत्तम काम से जुड़े हैं
शायद इसीलिए वो सच में खुश हैं, स्वस्थ हैं
और शायद काम के ही कारण
जापानी दुनिया में सबसे ज्यादा जीते हैं

इच्छा से कर्म की उत्पत्ति होती है
कर्म से खुशी की
खुशी पाना ही है हर जीव की अभिलाषा

हमारा स्वास्थ्य और हमारी खुशी
काम का प्रतिफल है
काम, मनषा वाचा कर्मण: के सिद्धांत पर हों
तो परिणाम अपेक्षित होते हैं

जार्ज आरवेल का दृष्टिकोण है कि
अपूर्ण मानव को
भोजन और काम मिलना चाहिए

मैं तो कहूँगा
मनुष्य को
अच्छे स्वास्थ्य के लिए
सीमित भोजन और
असीमित काम मिलना चाहिए

आदमी की सबसे बड़ी जरूरत है
उन्नति
काम और स्वास्थ्य का
उन्नति से सीधा वास्ता है
काम मानव की हर उन्नति का
सीधा रास्ता है

आदमी की पहचान,
जाति, धर्म, लिंग या राष्ट्रीयता इत्यादि
से नहीं बल्कि उसके काम से हो
गीता में ठीक ही लिखा है
नियतं कुरू कर्म त्वं कर्म ज्यायो ह्यकर्मण:।
शरीरयात्रापि च ते न प्रसिद्धयेदकर्मण:॥

अर्थात् निर्धारित काम करो
काम करना, न काम करने से श्रेष्ठ है
काम न करने से शरीर ही नहीं रहेगा
यदि शरीर नहीं तो जीवन कैसा?

शरीर को स्वस्थ्य रखना हमारा कर्तव्य है
आप सुखी रहें, आप खुश रहें, यही मेरी कामना है।

8 अप्रैल 2017

ममत्व

माँ का ममत्व तो
तब पता चलता है
जब माँ दुधमुँहे बच्चे की
कोहिनी पकड़कर
अस्पताल लाती है

बच्ची बाहर से और माँ
अंदर से तड़पती है

कितना संतोष होता है
एक चिकित्सक को
जब हाथ लगाने से
बच्ची चुप हो जाती है
और माँ मुस्कुराती है।

9 अगस्त 2021

स्मृति चिन्ह

अपनी स्मृति के रूप में
उसने भी क्या निशानी दी?

होंठ में दाँत गड़ा दिये
पीठ में नाखून चुभो दिए

जो औरों को तो दिखते हैं
पर खुद को नहीं

5 नवम्बर 2017

प्रार्थना

वैसे तो मैं चाहूँगा,
तुम प्रेम करो
और यदि प्रेम न करो
तो कोई बात नहीं
पर घृणा न करो

क्योंकि
प्रेम और घृणा में
आकाश-पाताल का
अंतर है

एक सकारात्मक एवं
सृजनात्मक तो
दूसरी नकारात्मक एवं
विनाशकारी विचारधारा है

हर ज्ञान, विज्ञान एवं
मनोविज्ञान कहता है
धरती के हर जीवधारी की
जीने की लालसा है

हवा, पानी, भोजन
के अलावा
प्रेम की अभिलाषा है
जिसकी हमें आशा है।

23 अप्रैल 2019

नदी और पहाड़

नदी और पहाड़ में अंतर होता है
अंतर ही नहीं
बहुत अंतर होता है
जबकि शुरूआत
एक ही जगह से होती है

नदी जैसे-जैसे बढ़ती है
औरों को गले लगाती है
अपना आकार और विस्तार बढ़ाती है

जबकि पहाड़ जैसे-जैसे बढ़ता है
अपनों को छोड़कर
अकेला हो जाता है

पर पहाड़ कुछ ही हैं
जो नाम कमाते हैं
इतिहास बनाते हैं

और नदी से तो
करोड़ों कमाते हैं
और इतिहास बनाते हैं

नदी के किनारे से प्यास बुझती है
पहाड़ पर चढ़कर प्यास लगती है

पहाड़ की चोटी पर कोई
निवास नहीं करता है
नदी के किनारे अधिकांशतः का वास होता है

पहाड़ का आधार विशाल होता है
बल्कि चोटी छोटी
नदी का स्रोत छोटा होता है
मुहाना बड़ा होता है

नदी और पहाड़ में
जमीं आसमां सा अंतर होता है
पहाड़ तोड़े जाते हैं, नदियां पूजी जाती हैं

हे भगवान,
प्रार्थना है कि ढेड़ी-मेड़ी पहाड़ सी ऊँचाई नहीं
बल्कि नदी सा सीधा और सपाट विस्तार देना

26 दिसम्बर 2018

दो शब्द

हाँ और ना,
दो शब्द ही तो हैं
और कितने छोटे!

इन शब्दों का
आकार छोटा है
पर आयाम बड़ा है

हाँ और ना
शब्दों में
जादुई शक्ति है

जिनमें छिपा रहता है
लोगों के बीच का
बहुत बड़ा संसार

यह शब्दों की पतवार ही तो है
जो जीवन की नैया को खेती है
और कहीं से कहीं ले जाती है

लेकिन लोग यह नहीं जानते
कि लोगों के बीच में
इनका कितना है महत्व?

लोगों को
जोड़ने और तोड़ने में
इन्हीं का है योगदान

इन शब्दों के बीच में
इतना कुछ
घट जाता है
कि पता ही नहीं चलता
कि कब
क्या कुछ घट गया?

और जो घट जाता है
वह इतना छोटा नहीं होता
जितने छोटे होते हैं शब्द!

पहले
समझ नहीं पाते हैं
अर्थ इन शब्दों का

जब समझ आता है
इन शब्दों का अर्थ
तब तक हो जाता है अनर्थ

और कहते भी हैं कि
अब पछतावे होत क्या
जब चिड़िया चुग गई खेत?

पर शब्दों का संबंध है
समय और परिस्थितियों से
और लोगों का संबंध है, केवल शब्दों से

पर संबंधों को अर्थपूर्ण बनाने के लिए
कुछ समय के बाद
अर्थहीन हो जाते हैं ये शब्द

क्योंकि
कुछ भी स्थिर नहीं रहता
न समय, न ही परिस्थिति

और एक दिन सब कुछ ढह जाता
कुछ भी नहीं रहता
न देह, न माया।

5 जुलाई 2016

इतनी सी बात से

चोट लगने पर पूछने से कि
लगी क्या?
बस इतनी सी बात से
भावनाओं में बहकर
प्यार की ओर बढ़ते हैं।

प्यासे होंगे, भूख लगी होगी
पानी गुड़ लाती हूँ
बस इतनी सी बात से
पेट की भूख
प्रेम की भूख में बदल जाती है।

जब जवान लड़का-लड़की
बच्चों की तरह बात करते हैं
वह स्वयं भी नहीं जानते
कि क्या बात करते हैं
पर आई लव यू कहते हैं
इतनी सी बात से
प्रणय में बंध जाते हैं।

पीढ़ी दर पीढ़ी बढ़ते हैं
जब गलती होती है
तो नोंक-झोंक करते हैं
बात बिगड़ती है

यहां तक आ जाती है
कह देते हैं
आप, मेरे कोई नहीं
इतनी सी बात से
रिश्ते बिगड़ जाते हैं।

पर दोनों में से कोई,
कह देते हैं
कोई बात नहीं
बस इतनी सी बात से
बिगड़ी बात बन जाती है।

9 अगस्त 2021

जीवन पथ

ऐसा कोई पथ नहीं
जो सीधा हो, समतल हो
जल में हो या थल में
नभ में हो या घर में हो

जीवन पथ भी
तेरा या मेरा हो
टेढ़ा है, मेढ़ा है
ऊँचा है, नीचा है
चौड़ा है, संकरा है

लक्ष्य कोई हो
पथ कोई हो
पर सफल वही
जो लक्ष्य को पाए

फिर पथ
ऐसा हो या वैसा
टेढ़ा हो, मेढ़ा हो
तेरा हो या मेरा हो

हर किसी का
लक्ष्य अलग है
पथ अलग है
पर सफल वही
जो लक्ष्य को पाए।

27 मई 2018

निर्णय

जीवन के महायुद्ध में निर्णय ही कर्म है
ठीक ही कहा है
जैसा करोगे, वैसा भरोगे
फल और प्रतिफल
निर्णय का ही परिणाम है

निर्णय
विज्ञान है,
कला है
निर्णय का ज्ञान ही
जीवन का सार है

निर्णय का परिणाम
एक सिक्के के दो पहलू हैं
जैसे उछलने के बाद एक हिस्सा ही ऊपर होगा
वैसे ही निर्णय का फल एक ही मिलेगा
फिर अच्छा हो या बुरा

महाभारत के दृष्टान्त में
अंहकार के प्रभाव में
पांडवों को पाँच गांव न देने के
निर्णय का फल ही
तो महाभारत का महायुद्ध है

रामायण में
मायावी सोने के हिरण के पीछे
राम के भागने के निर्णय
का फल ही तो लंका दहन है

निर्णय दुधारी तलवार है
जीवन के महायुद्ध में
निर्णय ही कर्म है
ठीक ही कहा है
जैसा बोओगे, वैसा काटोगे।

12 मार्च 2019

गाँठें

कहने को तो,
कुछ शब्दों जैसे कि
नमस्ते, सलाम, प्रणाम
हाय, बाय, सत श्री अकाल
या फिर किसी और अभिवादन

का कोई अर्थ
ना मालूम हो
लेकिन गाँठें तो
वे खोलते ही हैं।

18 सितम्बर 2017

संवाद

संवाद, सम्बन्ध की सीढ़ी का
प्रथम पायदान है
तो
अंतिम पायदान भी।

सम्बन्ध,
परिवार और समाज का शरीर है
तो संवाद,
सम्बन्ध की आत्मा।

सम्बन्धों को सुविधाओं का
केवल साधन न मानें
बल्कि सम्बन्ध ही संपत्ति है
उन्नति की।

और हर उन्नति के लिए
आवश्यकता है सम्बन्धों की
और सम्बन्धों के लिए
संवाद की।

जीवन है,
तो समस्या है
जितनी जटिल समस्या हो
उतना ज्यादा संवाद

संवाद विहीन घर, समाज
सम्बन्ध विहीन हो जाता है
हर समस्या का समाधान
जटिल नहीं होता है

किसी भी विवाद में
यदि संवाद
एक प्रथम कारक है
तो अन्तिम निवारक भी हो सकता है

संवाद
समस्या के समाधान का एक
सरल, सहज, सुलभ,
और सटीक, साधन है

यदि आपसी सम्बन्धों में गति है
तो ही जीवन में प्रगति है
यदि संवाद उन्नति का स्रोत है
तो सम्बन्ध जीवन की पूर्ति।

25 जुलाई 2018

सड़क दुर्घटनाएँ : हत्याएँ या आत्महत्याएँ?

ये कैसी है उन्नति?
विधाता पलक झपकते ही
हो जाता है विनाश
विधाता ये कैसी है उन्नति?

उन्नति एक नैसर्गिक नियम है
और सब चाहते हैं
पर उसके भी नियम हैं

सड़क दुर्घटनाओं में
हर साल
लाखों लोग मर रहे हैं
लाखों ही हो रहे हैं अपंग
करोड़ों हो रहे हैं बर्बाद
यह एक आधुनिक विडम्बना है
या एक आधुनिक महामारी?

हर गली मोहल्ले में
कोई न कोई प्रभावित है
ऐसा कोई दिन नहीं
ऐसी कोई जगह नहीं
कि कोई न कोई
इससे असमय न मर रहा हो

जीवन को बचाया जा सकता है
परिवार को संभाला जा सकता है
बुद्ध ने कहा है
हर चीज का कारण है
यदि कारण है तो निवारण है

कारण है
नींद का अभाव, नशे का प्रभाव
आगे निकलने की होड,
वाहन की चाल,
या लोगों की संख्या

यदि कारण है तो निवारण है
निवारण है
चालक की शिक्षा और शिक्षा की व्यवस्था
दोनों ही आसान हैं
यदि नियमों का पालन हो
तो उद्देश्य महान है

पर यदि ऐसा नहीं होता
तो परिणाम देखिए
कवि जो सर्जन है
कवि ने जो देखा है
उसी का वर्णन है

पत्नी ने छोड़ दिया
जवानी में विधवा है
माँ–बाप बेसहारा हैं
और बच्चे अनाथ हैं
ये सच्ची तस्वीर है

इलाज जो करा रहे हैं
कुछ न कुछ बेच रहे हैं
जो एक बार बिक जाता है
वो दुबारा बेचा नहीं जाता है

घर की ही नहीं
देश की भी
अर्थव्यवस्था बिगड़ रही है
आंकड़े बताते हैं
जीडीपी गिर रही है

जीवन मँहगा है
जीवन अनोखा है

सड़क हादसे
घटनाऐं या दुर्घटनाएं हैं?
मुझे तो लगता है
सोची समझी घटनाऐं हैं
कुछ हद तक, आत्महत्याऐं हैं!

सड़कें भरी हुई हैं गाड़ियाँ दौड़ रही हैं
गाड़ियाँ दौड़ें
लोग भी दौड़ें
लेकिन एक गति से
एक दिशा में
एक सीमा में
एक नियम से

प्रकृति के भी नियम हैं
चाँद और धरती की भी गति है
नियमित और सीमित है
सब चल रहे हैं
पर लड़ नहीं रहे हैं

पक्षियों के भी नियम हैं
आकाश में झुंड में उड़ रहे हैं
पर लड़-मर नहीं रहे हैं
जैसे हम गिर-मर रहे हैं

जानवर भी धरती पर चल रहे हैं
घायल नहीं हो रहे हैं
अपने बसेरों में पहुँच रहे हैं

पर आदमियों को देखो
नियम तो बना रहे हैं
पर मान नहीं रहे हैं
घर से तो निकल रहे हैं
पर घर नहीं पहुँच रहे हैं
खबर तो पहुँच रही है
कि शव पहुँच रहे हैं

सड़कों से विकास हो
ना की विनाश
सड़कें विकास का कारण बनें
विनाश का नहीं
लोग सड़कों से ना डरे
ना लगे कतराने
सड़कें रात के भयानक सपने ना हो
बल्कि हर दिन हम याद करें
सड़कों पर बिताये
सुखद पल एवं सुहानी यादें

प्रकृति से नियमों को सीखें
नियमों से रहना सीखें
नियमों से जीना सीखें
जियो और जीने दो।

14 मई 2018

चुप और चीख

चुप और चीख
दोनों संवाद के रूप है
मैं समझ गई
चुप होकर
इसमें चीखने की क्या बात है?

चुपकर क्यों जलते हो
शब्दों की आग लगाओ

पर क्या शब्दों से पेट भरता है?
पेट भरने के लिए तो जलना पड़ता है,
निखरना पड़ता है, लड़ना पड़ता है
रोज-रोज मर कर जीना पड़ता है

शब्दों से मरहम तो लगाई जा सकती है
पर पेट नहीं भरा जा सकता है
पेट के लिए तो रोटी चाहिए
रोटी बनाने के लिए आग
शब्दों से आग लगाओ
शब्दों से मरहम नहीं।

27 अगस्त 2021

माँ मुझे न जनना

माँ,
बाहर अत्याचार है
बलात्कार है
माँ मुझे न जनना

क्योंकि जब
मुझे दर्द होगा
तब तुझे
मुझसे भी ज्यादा होगा

क्योंकि तू माँ है,
मैं तेरे कलेजे का टुकड़ा हूँ
तू मेरी जननी है
माँ मुझे न जनना

लोग तेरे ही ऊपर थूकेंगे
लोग कहेंगे
कैसी संतान
को जन्म दिया?

तब तू अनचाहे, बेबसी में कहेगी
कोख में ही मर जाती
तो अच्छा होता
मेरे लिए भी और तेरे लिए भी

हाँ, माँ
तब तेरे साथ, मैं भी कहती
मर जाती
तो अच्छा होता

माँ मैंने सुना है
आजकल देश का
एक नारा है
बेटी बचाओ, बेटी पढ़ाओ

पर, माँ
आजकल
देश की घटनाऐं
देखकर तो लगता है

अच्छा होता
अगर
नारा होता
बेटा पढ़ाओ, बेटी बचाओ

माँ, तू समझ रही है?
मैं क्या कह रही हूँ?
माँ मुझे न जनना
बाबा मुझे बचाना।

14 अप्रैल 2018

प्रेम एक ढाई अक्षर

प्रेम एक शब्द नहीं
प्रेम पूरा जीवन है
प्रेम एक गाथा ही नहीं
प्रेम एक ग्रंथ है

इसी प्रेम पर तो
मेघदूत,
शाकुन्तलम्
जैसे ग्रंथ लिखे गये

और एक महान कवि कबीर ने
ठीक ही तो कहा है
ढाई अक्षर प्रेम का
पढ़े सो पंडित होए

प्रेम की कोई काया नहीं होती
प्रेम की तो माया होती है
जो दिखती तो नहीं
पर होती जरूर है।

31 अगस्त 2020

सोच

कोई भी सफलता और प्रसन्नता
छोटी-बड़ी नहीं होती
छोटी-बड़ी सोच होती है
जैसे गिलास और कुंआ का पानी
पानी, पानी होता है।

12 सितम्बर 2021

अकेले का सुख-दुःख

कहते हैं
अकेले का सुख जितना हल्का होता है
अकेले का दुःख उतना ही भारी

और यह भी कहते हैं कि
बाँटने से खुशी दुगुनी होती है
और दुःख आधा

यदि लोग कहते हैं
और हम सुनते हैं
तो फिर करते क्यों नहीं ?

जानते हुए कि
सीखने के तीन ही तरीके है
देखके, सुनके और करके

यदि हमें देखने पर विश्वास नहीं,
सुनने पर विश्वास नहीं
तो करते क्यों नहीं ?

करके देखिए, लोगों से सुनिए और पाइए कि
अकेले का सुख जितना हल्का होता है
दुःख उतना ही भारी।

12 जुलाई 2017

प्रेम

प्रेम करना कोई हंसी–ठट्टा नहीं
यह तो एक गंभीर विषय है

प्रेम करके तो देखो
कहने को तो
प्रेम एक नजर में हो जाता है
लेकिन
निभाना तो पूरे जीवन पड़ता है

शायद इसीलिए
कुछ लोग
प्रेम ही नहीं करते हैं
क्योंकि
प्रेम त्याग है, तपस्या है

प्रेम करो
प्रेम ही से तो जीवन है
या यूँ कहिए
कि प्रेम ही तो जीवन है।

4 सितम्बर 2021

अक्षर

आई लव यू बेबी
अक्षर तो वही हैं
आँखें बदलती हैं

पर आँखें बदलने से
अर्थ बदलते हैं
आई लव यू बेबी।

10 सितम्बर 2021

इच्छा

इच्छा से ही कर्म की उत्पत्ति होती है
और इच्छा से इच्छा का जन्म होता है
कर्म ही कर्म का कारण बनता है
इच्छा पूरी नहीं होती तो क्रोध बढ़ता है
इच्छा पूरी होती है तो लोभ बढ़ता है
पर हैं दोनों दुःखदायी

वैसे तो कुछ पाने से खुशी होती है
खोने से दुःख
लेकिन सच यह भी है
कि क्रोध, लोभ, लालच के खोने से
जितनी खुशी होती है उतनी कुछ पाने से नहीं

और कहा भी गया है
चाह गई चिंता मिटी, मनुआ बेपरवाह।
जिनको कछु नहि चाहिये, वे साहन के साह॥

8 अगस्त 2018

नाता

नाता,
जो ना होता
तो क्या होता?
बस इतना ही होता,

कोख सूखी होती,
घर सूना होता
ना हम होते,
ना आप होते

यदि नाता
ना होता
तो ना आता कोई
ना जाता कोई

नाता ही तो है,
जो है मिलन का कारण
ना नाता होता, ना नाती होते
ना ही होतीं पोतियाँ

नाता जो ना होता
तो करते भी क्या?
बस जीवन बेरस होता
हम सबका

लेकिन, नाता ही तो है
सुख–दुःख का कारण

बुद्ध ने खोजा है नाता,
कारण और फल का
बुद्ध ने कहा है
कारण है, तो फल है

यदि कारण ना होता, तो फल ना होता
इन फलों के रसों ने ही तो
घोला है जीवन में रस
कुछ खट्टा, कुछ मीठा

ये रस ही तो हैं
जो देते हैं, हमें जीवन का आनन्द
आनन्द पाना ही तो
हर जीव की है अभिलाषा

शास्त्रों में लिखा है
आनन्द ही ब्रह्म है
आनन्द के कारण ही
हम हैं, आप हैं, नाते हैं

नातों के फलों के
रसों का आनन्द लें
और शास्त्रों में कहा गया है
'रसो वै सः'

अर्थात्
सारा अस्तित्व रस है, आनन्द है
जिसे नातों का रस प्राप्त होता है

वह आनन्द को प्राप्त करता है

पर आनन्द का नाता भी तो,
नातों से है
नातों को
जीवित रखें

विज्ञान के ढंग से
जीवित और अजीवित में
अंतर है
हलचल का

हलचल ही तो है
जीवित होने का लक्षण
और नाते ही देते हैं
जीवन में हलचल

हाँ, पर हलचल सीमित हो
नियंत्रित हो
तो है चाल, यानि कि विकास,
भारत

यदि हलचल असीमित हो
अनियंत्रित हो
तो है भूचाल, यानि कि विनाश,
महाभारत

नाता व्यक्ति से हो
या प्रकृति से
जब नाता, व्यक्ति से छूटता है
समाज टूटता है

जब नाता, प्रकृति से छूटता है
व्यक्ति टूटता है
हो जाता है, पंचतत्व में विलीन
ऊँ शान्तिः शान्तिः शान्तिः।

2 अप्रैल 2017

चराति चरतो भगः

पद, प्रतिष्ठा, प्रशंसा, पैसा, प्यार, प्रोत्साहन, पुरस्कार
पाने की सबकी कामना होती है
लेकिन सबको नहीं मिलता
केवल कुछ को मिलता है।

मैं ऐसा नहीं कहता कि
यह सब पाने की
कामना न हो
पर यह भी नहीं कहता

कि इन सबको पाने के लिए
असहाय, विवश, लाचार लोगों के
तन-मन को कुचलकर
ऊँचे पायदान को पाया जाए।

पर इन सबको पाने में वो पाते हैं
कुछ लोगों कि आलोचना, अहंकार, अत्याचार
जो निश्चित ही मुझे मिला,
और शायद आपको भी

लेकिन इनको पाने वाले लोग
हाथी की तरह चलते रहते हैं
और कुत्ते
भौंकते रहते हैं
की उक्ति को चरितार्थ करते रहते हैं

और कहते भी हैं
चराति चरतो भग:
यानि कि चलने वाले का
भाग्य चलता है

पर काल के प्रवाह में
यह सब भी बह जाते हैं
यदि रह जाता है तो यह नश्वर शरीर
जो हो जाता है एक दिन पंचतत्व में विलीन।

18 अगस्त 2018

ताल-मेल की कला

पलाश में खिला हुआ रंग है
पर गंध नहीं
चमेली में सुगंध है
पर रंग नहीं

गुलाब ही है जिसमें रंग है
सुगंध है
यदि हम खिलना चाहते हैं
गुलाब की तरह

तो सीखनी होगी
काँटों के साथ
रहने की कला
यानि ताल-मेल की कला।

31 जुलाई 2017

शांति

हम शांति क्यों चाहते हैं?
शांत तो मुर्दे होते हैं
हमें जो जीवन मिला है,
उसको जियो,

हलचल करो,
संघर्ष करो,
यही तो हैं
जीवित होने के लक्षण
जीवन सर्वोपरि है
जियो और जीने दो।

14 अप्रैल 2020

घर

जब छोटे थे,
गाँव में रहते थे
गाँव छोटा था
घर भी छोटा था
पर मन बहुत बड़ा था
भाई-बहिन तो छोड़ो
गाय-बैल भी रह जाते थे
अपनों को तो छोड़ो गैरों को भी
रख लेते थे।

आज जब बड़े हैं
शहर में रहते हैं
शहर बड़ा है
घर भी बड़ा है
पर मन बहुत छोटा है
भाई-बहिन, गाय-बैल
और गैरों को
रखना तो छोड़ो
माँ-बाप को भी
रखना मुश्किल हो गया है।

26 मई 2018

सहयोग

यह मेरे माँ-बाप का सहयोग ही तो था,
जिससे मेरी उत्पत्ति हुई।

यह मेरी बूढ़ी दादी का सहयोग ही तो था,
जिससे मेरे चरित्र का निर्माण हुआ।
यह मेरी पत्नी का सहयोग ही तो था,
जिससे मेरे परिवार का विस्तार हुआ।

यह मेरे बच्चों का सहयोग ही तो था,
जिससे मेरे परिवार का विकास हुआ
यह मेरी नन्हीं पोतियों का सहयोग ही तो था,
जिससे फिर से मुझमें स्फूर्ति का संचार हुआ।

यह मेरे देश-विदेश के गुरुओं का सहयोग ही तो था,
जिससे मेरे व्यक्तित्व में इतना निखार आया।

हर छोटी चीज पहले सूक्ष्म होती है,
महान तो यह प्रकृति एवं समाज बनाता है।

यह मेरे समाज और सहकर्मियों का सहयोग ही तो था,
जिसने मुझे इतना महान बनाया।
इसीलिए गालिब कहते हैं,
महान होते नहीं, महान बनाये जाते हैं।

क्या यह सब सहयोग के बिना संभव था?
कदापि नहीं।
इस शब्द को मात्रा में न तोलो,
शब्द के गुणों में तोलो।

यद्यपि, यह शब्द हवा की तरह, हल्का है,
लेकिन इसमें हवा की तरह, जीवन है।

एक जूलू अफ्रीकन कहावत कहती है,
उबून्टुन गिबून्टुन जाबन्टून
अर्थात, एक आदमी, दूसरे आदमी से है।

सहयोग ही तो है जीवन का आधार,
यह सहयोग ही है जो बनाऐगा
भावी पीढ़ियों का भविष्य।

सहयोग,
हम सबके जीवन का ही आधार नहीं,
बल्कि पूरी सृष्टि का है आधार।

तत्वार्थ सूत्र में लिखा है,
'परस्परोपग्रहो जीवानाम्'
अर्थात, सभी जीव एक-दूसरे पर आश्रित हैं।

तिरू वल्लूवर ने कहा है,
अच्छे शब्दों को ध्यानपूर्वक सुनो
चाहे वे थोड़े से ही क्यों न हो।

सहयोग देना सीखो,
सहयोग लेना सीखो
सहयोग से जीना सीखो।

31 मार्च 2017

दादी कभी बूढ़ी न होगी

वह कभी बूढ़ी न होगी
बच्चों को खाना देगी

बैलों को चारा देगी
वह कभी बूढ़ी न होगी

चूल्हा फूकेंगी, चक्की पीसेगी
वह कभी बूढ़ी न होगी

दूध निकालेगी, पानी लायेगी
वह कभी बूढ़ी न होगी

बर्तन मांजेगी, कपड़े धोएगी
वह कभी बूढ़ी न होगी

बच्चों को शिक्षा देगी,
भूखों को भिक्षा देगी
वह कभी बूढ़ी न होगी

दिन भर दौड़ेगी
रात भर सोयेगी
वह कभी बूढ़ी न होगी

हाँ वह मेरी दादी होगी
हाँ वह सबकी दादी होगी।

11 दिसम्बर 2020

नई रचना

जीवन क्या है, एक नई रचना
सहवास और सहयोग का परिणाम
बीती पीढ़ी का सहवास
और भावी पीढ़ी का सहयोग

पर न जीवन स्थाई है
न ही इतिहास
आज जो हमारे अंश है
कल हम उन्हीं के वंश से जाने जायेंगे

बच्चे हमारी
एक छोटी प्रतिलिपि ही नहीं
बल्कि,
वह हैं एक पूरी नई रचना

जिसमें छपा है हमारा भूत
छिपा है उनका भविष्य
पुराना भूगोल
नया इतिहास।

1 जनवरी 2019

अपगंता

हर अमीर आदमी
पत्थर तो मकराना से ला रहा है
पर हर घर ताजमहल नहीं बन रहा।

क्यों ?

ताजमहल बनाने के लिए
पत्थर को तरासने के लिये
कारीगर नहीं मिल रहे हैं।

क्योंकि
बचपन का विकार
अपंग बना देता है।

शिक्षा
शिक्षकों से मिलती हैं
दीवारों से नहीं।

यात्राएँ
पैरों से होती है
जूतियों से नहीं।

देश
आदमियों से बनते हैं
पत्थरों से नहीं।

15 अगस्त 2021

प्रकृति

ये प्रकृति ही है
जो समा लेती है अपने में
आपकी सभी बुराईयाँ
और बदल देती है
आपकी सभी बुराईयों को अच्छाई में

आपके जीवन में पेड़ ही है
जो सोख लेते हैं
गन्दी हवा कार्बन डाईऑक्साइड
और देती है अच्छी हवा ऑक्सीजन

ये नदी है जो आपके
सब मैल (टट्टी-पेशाब) को
समेट लेती है अपने उदर में
और बदले में देती है
स्वच्छ और शुद्ध पानी

ये धरती है जो अपने में सोख लेती है
आपके पूरे वातावरण की पूरी गंदगी
और देती है स्वादिष्ट भोजन

प्रकृति से ही जीवन है क्योंकि देती है
हवा, पानी, भोजन
जो जीवन के प्राणों के आधार हैं

आपने सुना ही होगा कि फलां अस्पताल में
हवा की कमी से इतने बच्चों की मौत हो गयी,
मिनटों में

भीषण गर्मी से फलां अस्पताल में

इतनों के शरीर में
पानी की कमी हो गई और कितनों की मौत हो गयी,
घन्टों में,

आपने ये भी पढ़ा होगा
देश के फलां प्रदेश में भूख की तड़प से
बच्चे, बूढ़े, महिलाओं सभी की मौत हो गयी,
पिछले दिनों में

प्रकृति है क्षमादायिनी, निःस्वार्थी
और हम हैं लोभी, लाभार्थी, स्वार्थी

प्रकृति को हमने नहीं
प्रकृति ने हमें बनाया
अपने को बचाने के लिए
प्रकृति को बचाना है।

18 सितम्बर 2017

पिता होना इतना आसान नहीं

अपने को मिटाना
यानि अपने सपनों को मिटाना
अपने को मिटाना
यानि अपनों को बचाना

उनको बनाना
यानि उनके सपनों को बनाना
अपनों को बनाना
यानि अपने को बनाना

यदि परिवार है
तो द्वन्द है
विचारों का टकराव है
मनों में विवाद है, मंथन है

परिवारों को बचाने के लिए
घरों के द्वन्दों से
निकले हुए विष को
महादेव की तरह पीना पड़ता है

इसलिए कहते हैं
पिता होना इतना आसान नहीं
जितना सोचते हैं लोग।

24 दिसंबर 2018

प्रतिफल

संवाद को इतना भी वाद-विवाद मत बनाओं
कि जीत के प्रलोभन के नशे में
संचार का पुल, संपर्क ही टूट जाये
और अंत में संग्राम ही विकल्प रह जाये
जिसका विनाश ही प्रतिफल बन जाये

साधारण शब्दों के अर्थों का मतलब ढूँढते-ढूँढते
कहीं इतना अनर्थ न हो जाए
कि अर्थ ही उल्टा हो जाये
और जीवन व्यर्थ हो जाये

इस अपने मियां मिट्टू के ज्ञान के
अंहकार को इतना न बढ़ाओ
कि भस्मासुर बन जाये
और आप को ही भस्म कर जाये।

20 अप्रैल 2020

आत्मकथा

आत्मकथा
यातनाओं और व्यथाओं का वर्णन है

यह जीवन की कहानी है
कथाओं से भरी है
व्यथाओं से भरी है

व्यथा का वर्णन करना
अपने आप में बहुत बड़ी व्यथा है
यातनाओं के बारे में सोचना ही
बहुत बड़ी यातना है

आत्मकथा लिखना
साहस का काम है
लिखते समय लेखक के
पढ़ते समय पाठक के
कष्ट का काम है

कशमकश में पड़ा हूँ
लिखना तो चाहता हूँ
लिख नहीं पाता हूँ
लेखक की वेदना है

वर्तमान सुखदायी भव,
यही मेरी कामना है।

11 अप्रैल 2018

शिक्षा

सीखने के तीन ही तरीके हैं
सुनके, देखके और करके
और सीखने के तीन ही स्रोत हैं
प्रकृति, व्यक्ति और वस्तुएँ

और जैसा कहते हैं
बच्चे के पहले शिक्षक माँ–बाप ही होते हैं

मैंने भी अपने पिताजी के कामों को देखकर
बहुत कुछ सीखा
उनमें से एक है,
विपरीत परिस्थितियों में
जीने की कला

पिताजी ने कहके तो कम
या फिर यूँ कहिये ना के बराबर
लेकिन, करके बहुत कुछ सिखाया

दूसरी–बात, जो मैंने उनसे सीखी
उन्होंने अपनों को ही नहीं
दूसरों को भी अपना समझना सिखाया

उन्होंने हमें दूसरों से प्रेम करना तो सिखाया
लेकिन प्रेम को व्यक्त करना नहीं सिखाया

सीखना और सिखाना एक कला है
जो सबको नहीं आती,

मुझे लगता है कि शायद
उन्हें भी यह कला आती ही नहीं थी
और कहते भी हैं जो पढ़ा है
वो ही पढ़ा सकता है

जैसा हम जानते हैं, हर व्यक्ति
में लगभग 50 प्रतिशत सीखने की कला
आती है उनके जींस से
बकाया 50 प्रतिशत परिस्थितियों से

शायद इसीलिए मैंने भी
उन्हीं की तरह
प्रेम करना तो सीखा
लेकिन व्यक्त करना नहीं

मुझमें इस कला का अभाव है
जिसका जीवन पर प्रभाव है।

12 जुलाई 2017

रामलीला

रामलीला के समय में
रामलीला कमेटियों में
प्रतिस्पर्धा राम से नहीं
रावण से होती है
रावण को बड़ा बनाने की
होड़ लगी होती है

सदियों से हर रामलीला में
राम छोटा रावण बड़ा होता था
आज भी दुनिया में राम छोटा
और रावण बड़ा होता है
यानि कि सच छोटा
और छल बड़ा होता है।

सच छोटा
और छल बड़ा होता है।

25 फरवरी 2019

विज्ञान और कला

वैसे तो मैं विज्ञान का विद्यार्थी रहा
विज्ञान को कला से बेहतर समझा
जिससे विज्ञान के हर नियम को रटता गया
और रोजमर्रा की जिंदगी में ढालता गया
इसी बात का दम्भ करता रहा
कि मैं तो नियम से काम करता हूँ

खासतौर से तीन नियम
न्यूटन का नियम है
क्रिया के बराबर प्रतिक्रिया होती है
हर क्रिया के बदले में प्रतिक्रिया करता रहा
पास होकर भी दूर होता रहा
क्योंकि विज्ञान के नियम को मानता रहा

हूक का नियम भी कुछ ऐसा ही है
स्प्रिंग के सिद्धांत में स्प्रिंग को जितना भी दबाओ या खींचो
स्प्रिंग उतने ही बल से वापस आएगी
लोग दबाते रहे, हम उछलते रहे
लोगों ने जितना भी खींचा हम फिर वहीं आते रहे

आर्किमीडीज का सिद्धांत है
कोई भी तैरती वस्तु, अपने वजन के बराबर, पानी को विस्थापित करती है
और उसी सिद्धांत को मानकर, लोगों को विस्थापित करता रहा
और मन मर्जी से विचरण करता रहा

काश मैं कला का विद्यार्थी होता तो
स्थिति बिल्कुल विपरीत होती
कहते हैं कलाकार पागल होते हैं
न कुछ होने में भी बहुत कुछ बोल देते हैं
बहुत कुछ बना देते हैं
बहुत कुछ सुना देते हैं
क्योंकि यह कला ही तो है
जो होती जरूर है पर दिखती नहीं है
कुछ भी न हो या जितना भी हो
कलाकार उसमें कुछ न कुछ ढूँढ लेता है

काश मैं भी कला का विद्यार्थी होता
ऐसा न होता जैसा हो रहा है
कलाकारों के हुनर को देखो
कूड़े से भी सुंदर चीजें बना देते हैं
और हम सुंदर चीज को भी तोड़ मरोड़ देते हैं
क्योंकि रोजमर्रे की जिंदगी में कुछ न कुछ
नियम को घुसेड़ देते हैं

कला के बहुत ज्यादा नियम नहीं होते हैं
यदि होते हैं तो केवल एक नियम होता है
सुंदर लगे और सुंदर दिखे
इसलिये कलाकार हर चीज में
सुंदरता ही देखते हैं

वैज्ञानिक आलोचनात्मक होते हैं
और आलोचना करते हैं
जबकि कलाकार कला को पहचानना जानते हैं
इसलिए सराहना करते हैं।

4 अक्टूबर 2020

परिवर्तन

परिवर्तन एक सार्वभौमिक नियम है
तो धर्म में स्थायित्व क्यों?

किसी धर्म ग्रंथ का
या धर्म का सहारा ले लेने से
जिंदगी आसान हो जाती है
क्योंकि लिखा है

जीने से पहले, मरना पड़ता है
स्वर्ग का द्वार
नरक के रास्ते से जाता है
धर्म की जय हो

पुनर्जन्म होता है
जिसे किसी ने नहीं देखा है

धर्म ग्रंथ पढ़ते हैं
पर धार्मिक नहीं हैं
व्यवहारिक आदमी हैं
व्यापार करते हैं
धर्म ग्रंथ पड़ते हैं।

9 सितम्बर 2021

प्रसव वेदना

अपनी अगली पीढ़ी की
उत्पत्ति के लिए
उन्नति के लिए
प्रसव की इच्छा थी
प्रसव सहने की इच्छा थी।

इसलिए बहुत से दर्द
पेट में पलते रहे
सहते रहे
इस आशा से कि
प्रसव के बाद का दर्द कम होगा।

लेकिन हुआ उसका उल्टा
प्रसव की वेदना बढ़ती रही
तन तड़पता रहा
प्रसव के बाद की वेदना भी बढ़ती रही
और मन तड़पता रहा

भगवान से प्रार्थना है
हे भगवान,
मानव जाति के उत्थान के लिए
प्रसव दो
प्रसव की वेदना भी दो।

लेकिन प्रसव की वेदना
इतनी भी ना दो
कि प्रसव की वेदना से दम ही उखड़ जाये
या फिर प्रसव के बाद की वेदना से
जीवन ही उजड़ जाये।

3 दिसम्बर 2017

विडम्बना

क्या विडम्बना है
नालों में नई सड़कें बन रही हैं
पुरानी सड़कें नालों में बदल रही हैं।

लोग विदेशियों से
तो बात कर रहे
पर पड़ोसियों से नहीं

शरीर के लिए
मकान तो बन रहे हैं
पर प्राण वायु देने वाले
पेड़ कट रहे हैं

हमारी पृथ्वी पर ऑक्सीजन
का स्त्रोत पेड़ है
जल का स्त्रोत जमींन
हवा, पानी, भोजन
से ही प्राण हैं
हम इन सभी को प्रदूषित कर रहे हैं

हम शरीर की चिन्ता तो कर रहे हैं
पर प्राणों की नहीं
शरीर तो मृतक का भी होता है
शरीर से प्राण नहीं
यदि प्राण है, तो शरीर है।

20 जुलाई 2019

सहअस्तित्व

सवाल कठिन
लगता जरूर है,
पर है
नहीं

क्या समुद्र का अस्तित्व
नदियों से है
या
फिर नदियों का समुद्र से ?

उत्तर सरल है
प्रकृति में
हर किसी का अस्तित्व
एक–दूसरे से है

कोई भी अकेला नहीं
किसी का अस्तित्व, न अकेला है,
न अकेला था,
न अकेला रहेगा।

12 नवम्बर 2019

विस्तार

क्या कोई पौधा बन्द कमरे में पेड़ बन सकता है?
शायद कभी नहीं

जिस तरह पौधे बंद कमरे में नहीं
खुली हवा, खुले आसमान में
पेड़ बनते हैं

पौधों की तरह
बच्चों को भी बन्द कमरे नहीं
निश्चित सीमाऐं नहीं
खुली हवा, खुला आसमान दो
खुले विचार, खुला साथ दो

यदि ऐसा होगा तो
अपनी जड़ें
अपना कद वो खुद–ब–खुद बढ़ा लेंगे

ऊँचाई पाने के लिए
छतों की सीमाऐं न हो
विस्तार पाने के लिए
दीवारों की सीमाऐं न हो

19 मार्च 2020

शब्द कभी मरते नहीं

गीता में लिखा है-

"नैनं छिन्दन्ति शस्त्राणि नैनं दहति पावकः।
न चैनं क्लेदयन्त्यापो न शोषयति मारूतः॥"

अर्थात्
आत्मा को न काटा,
न जलाया,
न डुबोया, न सुखाया
जा सकता है

शब्दों को भी न काटा,
न जलाया,
न डुबोया, न सुखाया
जा सकता है

कहते हैं
आत्मा शरीर में होती
और शब्द शरीर से निकलते हैं
शब्द आत्मा हैं

जैसे आत्मा एक शरीर को छोड़कर
दूसरे को धारण कर लेती है
आत्मा की तरह निकले शब्द भी
दूसरों के शरीर को धारण करते हैं

शब्द थोड़े बोलें
शब्द अच्छे बोलें
जिससे आपके शब्द
जन्म-जन्मांतर वास करें।

4 सितम्बर 2018

बच्चे

आज बच्चे माँ-बाप को अपना
केवल सुख-दुःख का साथी मानते हैं
पर माँ-बाप मानते हैं उन्हें
अपना शरीर, अपनी सांस एवं अपनी छाया

जैसे सांस एवं छाया शरीर से
अलग नहीं हो सकते
वैसे ही माँ-बाप
बच्चों से अलग नहीं हो सकते

सांस और छाया को
मिटाने का मतलब है
अपने आपको
मिटाना।

26 जून 2019

अपेक्षा-उपेक्षा

व्यक्ति है
तो अपेक्षा है, उपेक्षा है
जो व्यक्ति के स्वाभाविक गुण हैं
और दोनों ही बुरे हैं

व्यक्ति के जीवन में
दोनों का ही बहुत महत्व है
और दोनों ही हैं
दुःख के कारण

आपकी अपेक्षा से आप स्वयम् दुःखी
आपकी उपेक्षा से दूसरा दुःखी

दुःख का निवारण ही है
जीवन का उद्देश्य
यह किया जा सकता है
अपेक्षा और उपेक्षा से दूर रह कर

मेरे दुःख का कारण भी है
अपनों से अपेक्षा
और अपनों से उपेक्षा
ना हम अपेक्षा करते, ना ही तुम उपेक्षा
तो जीवन ऐसा ना होता जैसा है आज

यदि अपनों से अपेक्षा करना गलत है
तो मैंने भी गलती की
अपेक्षा करके
लेकिन अपेक्षा ही तो आधार है
परिवार और समाज का

अपेक्षायें ही तो जोड़ती हैं
परिवारों को, समाज को, देश को
उपेक्षायें ही तो तोड़ती हैं
परिवारों को, समाज को, देश को

हमारी आपसे अपेक्षा
आपकी हमारे से यह स्वाभाविक है
लेकिन परिणाम अपेक्षा के अनुकूल हो तो
सुख देता है
जब परिणाम अपेक्षा के प्रतिकूल हो
तो दुःख देता है

लेकिन अब समझ में आता है
सुखी जीवन का मन्त्र है
एक–दूसरे से अपेक्षा ना करें
एक–दूसरे की उपेक्षा ना करें

प्रसन्नता का सरल नियम
न अपेक्षा करें, न उपेक्षा करें।

3 अगस्त 2017

विकास

बाहर
तालाब सूख रहे हैं
अंदर
टोंटियाँ लग रही हैं
क्या यही है हमारा विकास?

जंगलों के
हरे पेड़ कट रहे हैं
घरों में
सूखे फूल लग रहे हैं
क्या यही है हमारा विकास?

बाहर चौपालें खत्म हो रही हैं
अंदर बैठकें बन रही हैं
पहले हर शाम इकट्ठे हो रहे थे
आज साल, चार साल में
वह भी शादी या श्मशान में
क्या यही है हमारा विकास?

शिक्षा एवं चिकित्सा
राष्ट्र के नहीं,
निजी हाथों में जा रही हैं
सेवा नहीं, व्यवसाय बन रही हैं
क्या यही है हमारा विकास?

इतना ही नहीं
व्यवसाय भी
फायदे के मामले में
वन टू का फोर
और लागत के मामले में
फोर टू का वन
के सिद्धान्त पर चल रहे हैं
क्या यही है हमारा विकास?

कितनी अद्भुत है ये कहानी
अपना नैसर्गिक अस्तित्व बदल कर
पहाड़ शहर में बसाए जा रहे हैं
पहाड़ ऊँचाईयाँ तो पा रहे हैं
पर धरातल खो रहे हैं
क्या यही है हमारा विकास?

अच्छा रहता
पहाड़, पहाड़ रहते
जंगल, जंगल रहते
आदमी, आदमी रहते

आज आदमी ने विकास की होड़ में
पहाड़ सी ऊँचाईयाँ तो पा ली है
पर धरातल खो दिये हैं
यही है आज के विकास की कहानी
कितनी अद्भुत है ये कहानी!

27 जून 2019

देना-लेना

देना-लेना प्रकृति का नियम है,
प्रकृति शरीर को देती है,
तो शरीर को लेती भी है

देना तो सीखो, आपको मिलेगा ही
जब बोओगे तो काटोगे निश्चित ही
यही है प्रकृति का नियम.

चीनी दार्शनिक लाओत्से ने कहा है—
अगर आप पाना चाहते हो,
तो पहले देना सीखो
यही है ज्ञान की शुरुआत

देता कौन है
देता वही है जिसके पास
उसकी इच्छा से ज्यादा हो

हर किसी को ईश्वर ने
कुछ ना कुछ देने के
लायक बनाया

आप समझते होंगे
या फिर कहते भी होंगे
कि आपके पास कुछ नहीं है देने को

मैं कहता हूँ
प्यार के दो शब्द तो हैं
देने-लेने को

जिनको कुछ बोलकर
या कुछ सुनकर
बहुत कुछ दे सकते हैं दूसरों को

चाणक्य ने लिखा है 'स्वर्गं नयति सूनृतम्'
अर्थात मीठी और सच्ची वाणी
मनुष्य को स्वर्ग ले जाती है।

12 जुलाई 2017

जीवन

संतुष्टि पाना ही है
जीवन का उद्देश्य
पर संतुष्टि मिलती है निश्चितता से
ना कि अनिश्चितता से

लेकिन संयोगवश
जीवन है अनिश्चित
इसलिए शायद
व्यक्ति हैं असंतुष्ट

यदि आप गौर से
देखें
तो पाएँगे कि
हमारा आपका जीवन

केवल
हमारे आपके ही ऊपर नहीं टिका
बल्कि टिका है
दूसरों के भी ऊपर

दूसरे लोग आपके जीवन में
किसी न किसी रूप में
मिलेंगे,
यह है निश्चित

ये
किस रूप में होंगे,
कौन होंगे
यह है अनिश्चित

इन
अनिश्चित लोगों से
मिलना ही है
जीवन का ज्ञान

और इनके साथ
रहना ही है
जीवन की कला

यही है जीवन का सच
जिसको हम समझें,
जानें और
मानें

अधिकांशतः लोगों का
जीवन गुजर जाता
लेकिन ना ही उन्हें सिखाया जाता
ना ही वो सीखते

इस ज्ञान और कला को
जिसको
सिखा दिया गया
या जिसने सीख लिया

उसी का जीवन है स्वर्ग
नहीं तो है नर्क।

8 जुलाई 2017

पूरी दुनिया एक परिवार है

भारतीय ग्रंथ
महाउपनिषद् में लिपिबद्ध है
वसुधैव कुटुम्बकम् का श्लोक
जिसका मतलब है,
पूरी दुनिया एक परिवार है

वसुधैव कुटुम्बकम् की उक्ति को
कोरोना महामारी ने
एक बार फिर सिद्ध कर दिया है
कि सच में पूरी दुनिया एक परिवार है।

कोरोना से बचने का एक उपाय है
कि एक-दूसरे से न मिलो,
न मतलब रखो
क्योंकि
संक्रमण एक-दूसरे से मिलने-जुलने से होता है,
पर माँ बच्चों से न मिले, न मतलब रखे
बच्चे बाप से न मिले, न मतलब रखे
और एक सदस्य दूसरे सदस्य से
न मिले, न मतलब रखे
एक परिवार में यह कैसे हो सकता है?

मिलना तो पड़ेगा ही, मतलब भी रखना पड़ेगा
क्योंकि मिलना-जुलना ही तो जीवन है।
माँ-बाप और बच्चों से ही तो है परिवार

जिस तरह परिवार के
एक व्यक्ति की आवश्यकता
पूरी होती है, दूसरे व्यक्ति से
उसी तरह संसार के
एक राष्ट्र की दूसरे राष्ट्र से

जब एक देश प्रभावित होता है
तो दूसरे को तो होना ही है
और इसीलिए
कोई देश अछूता नहीं रहा
संक्रमण तो चीन के वुहान में पैदा हुआ
और पूरी दुनिया में फैल गया
क्योंकि पूरी दुनिया एक परिवार है।

कोरोना सबको हुआ
न जाति का भेदभाव, न लिंग का
न राष्ट्र का, न नस्ल का
पढ़ों को हुआ, अनपढ़ों को हुआ,
कोरोना ने चरितार्थ कर दिया कि
पूरी दुनिया एक परिवार है।

ये शहर में हुआ, ये गांव में हुआ
ऐसों को हुआ, वैसों को हुआ
बच्चों को हुआ, बूढ़ों को हुआ
या फिर यों कहिये
कि अधिकांश को हुआ
क्योंकि पूरी दुनिया एक परिवार है।

इसने कोई पक्षपात नहीं किया
क्या गरीब व्यक्ति,
क्या गरीब देश

इसने गरीबों को खदेड़ा
अमीरों को सताया
तब हमने ये जाना
पूरी दुनिया एक परिवार है।

कोरोना ने
किसी एक व्यक्ति को ही नहीं
कई परिवारों को उजाड़ा
किसी एक देश को ही नहीं
कई देशों को उजाड़ा

कोरोना ने पूरे संसार को
प्रताड़ित किया
विचलित किया
और ये संदेश दिया
कि पूरी दुनिया एक परिवार है।

अयम् निजः परोवेति
गणना लघु चेतसाम्।
उदार चरितानाम्
तु वसुधैव कुटुम्बकम्।

अर्थात्
यह मेरा है, वह दूसरे का
यह सोच छोटे लोगों की होती है
उदार चरित वाले लोगों के लिए तो
पूरी दुनिया ही एक परिवार है।

स्वास्थ्य
किसी व्यक्ति विशेष की नहीं
बल्कि पूरे परिवार की समस्या है
किसी देश विशेष की नहीं

बल्कि पूरे संसार की समस्या है
क्योंकि पूरी दुनिया एक परिवार है।

आरोग्यम् परम् भाग्यम्
स्वास्थ्यम् सर्वार्थसाधनम्॥
अर्थात्
निरोगी होना परम् भाग्य है
और स्वास्थ्य से
सभी अन्य कार्य सिद्ध होते हैं।

इसलिए प्रार्थना है
सर्वे भवन्तु सुखिनः, सर्वे संतु निरामाया॥
अर्थात्
सभी सुखी हो और सभी रोगमुक्त हो।

24 जून 2021

पूर्णता

बचपन में
विज्ञान में पढ़ा था
हर परमाणु (एटम) जीवनपर्यन्त
पूर्णता की खोज में रहता है

और लगता है
हर परमाणु की तरह हम सब भी

हर परमाणु की तरह
हर व्यक्ति भी
अभाव से ग्रसित है
जीवन में अभाव का ही प्रभाव है

जीवन भर हम
पूर्णता पाने की खोज तो करते हैं
पर पूर्णता पाना है
मुश्किल

क्योंकि परमाणु की तरह
हम सबको
पूर्णता पाने के लिए
आदान-प्रदान की आवश्यकता है

पर लोगों ने संयोगवश
लेना तो सीखा है पर देना नहीं

क्योंकि लेना जन्मजात गुण है देना तो कला है,
जिस कला को, ना सीखा है, ना सिखाया गया है,

इसीलिए हम सब में,
इस कला का अभाव है
जिससे, कहीं न कहीं
पूर्णता का अभाव है

पूर्णता पाने के लिए
प्राप्ति और त्याग ही सहारा है
या फिर
संधि या समझौता

जिन्दगी तो पूर्णता की मौहताज है
सहभागिता भी सुखद एहसास है
आदान-प्रदान की आदत
पूर्णता की कुंजी है

यदि प्राप्ति में
भौतिक विकास है
तो त्याग में
मानसिक विस्तार

प्राप्ति और त्याग ही
पूर्णता का आधार है
पूर्णता,
न केवल हम सबके

बल्कि
सूक्ष्मअण्ड
और विशाल ब्रहमाण्ड के भी
अस्तित्व का आधार है

पूर्णता ही जीवन का लक्ष्य है
पूर्णता ही स्थायी है
और पूर्णता से ही मोक्ष है
इसीलिए, पूर्णता की ही खोज है।

2 नवम्बर 2018

सपने हमारे और आपके

यह कविता
क्रिया नहीं
बल्कि
प्रतिक्रिया है

एक कवि कहते हैं
कैसे कटती हैं?
उनकी रातें
जो सपने नहीं देखते

मैं कहता हूँ
कैसे कटते हैं?
उनके दिन
जो सपने नहीं देखते

सपनों को
देखना सीखो
रात के ही नहीं
बल्कि दिन के भी।

रात के तो सपने
अनायास आ जाते हैं,
लेकिन दिन के सपनों को तो
बुलाना पड़ता है।

रात के सपने
कम ही पूरे होते हैं,
दिन के
अधिकांशतः।

कवि कहते हैं
सपने होते हैं
आकाश की तरह अनन्त,
क्षितिज की तरह अजनबी।

मैं कहता हूँ
अनन्त को भी तो नापा जा सकता है,
जैसा हमारे वैज्ञानिकों ने नापा
और पहुँच गए मंगल तक

अजनबी को भी तो
बनाया जा सकता है
अपना
जैसे हमारे पूर्वजों ने बनाया।

हम सबकी तरह,
वह भी तो
मिलने से पहले
अजनबी ही रहे होंगे।

लेकिन मिलने के बाद मंत्र दिया
'वसुधैव कुटुम्बकम्'
जिसका मतलब है
पूरी दुनिया एक परिवार है।

कहते हैं वे अपने सपने बेच दो
उनकी तरह, मैं भी परेशान हूँ

क्या खरीदूंगा
अपने सपने बेचकर?

सपने ही तो सच्चे होते हैं,
अपने होते हैं
यदि सपने ही बेच दिए तो
बचेगा ही क्या जीवन में?

सपने ही तो आधार हैं
हमारे और आपके जीवन के,
इन सपनों की ही नींव पर तो
आज यह इमारत खड़ी है,
हमारी और आपकी।

जैसे-जैसे सपने बढ़ते हैं,
वैसे-वैसे जीवन बढ़ता है
मैं तो कहूँगा
सपनों को बुनो, पालो, पोषो, बढ़ाओ
अपनी पूरी लगन और मेहनत से।

सपने ही तो भविष्य है,
हमारा और आपका
हाँ,
अपने सपनों को, पूरा करने के लिए
दूसरों का सहयोग लो।

और
दूसरों के सपनों को,
पूरा करने के लिए
अपना सहयोग दो
क्योंकि जीवन का आधार ही है
सहयोग।

सहयोग के बिना
हम सबकी
उत्पत्ति ही नहीं हुई होती
ना ही होता,
इतना विकास एवं विस्तार।

आज यहाँ
जो पूरा हो रहा है
यह सपना ही तो था
और क्या?

हमारे
सपनों को
संवारने के लिए
आपको धन्यवाद

और आपके
सपनों को
संवरने के लिए
हमारी शुभ कामनाएँ।

28 मार्च 2017

❑❑